Votre profil face au stress

Groupe Eyrolles
61, Bd Saint-Germain
75240 Paris Cedex 05

www.editions-eyrolles.com

Dans la même collection

Véronique Bédu, Véronique Boussac, Christine Monerris, *Votre profil d'orateur*

Véronique Bédu, *Votre profil de formateur*

Éric Faure-Geors, Marie Granger, *Votre profil de communicateur*

Daniel Bellahsen, Marie Granger, *Votre profil d'entrepreneur*

Richard Bourrelly, *Votre profil de négociateur*

ISBN : 978-2-212-55485-4

Patrick COLLIGNON et Jean-Louis PRATA

Votre profil face au stress

Collection « Votre profil de »
dirigée par Éric Faure-Geors

EYROLLES

Sommaire

Le livre interactif : mode d'emploi

Ce livre n'est pas un livre comme les autres. Son ambition est de vous aider à mieux comprendre votre fonctionnement face au stress et à mieux gérer ce dernier. Vous y trouverez des outils pour éviter qu'il ne s'invite, à l'avenir, dans les situations que vous aurez pointées comme étant « potentiellement stressantes ». Ce livre ne se lit pas du début à la fin. Il s'organise comme une chasse au trésor personnelle, où la « carte au trésor » a été remplacée par un « profil zen »... et le trésor par la sérénité. Ce profil indique les passages du livre qui concernent votre quête de sérénité. Elle passe nécessairement par les quatre jalons suivants, qui correspondent aux quatre quadrants de votre profil.

Mon PROFIL face au stress

Votre nom

Mon stress	/10
Fuite (anxiété)	2
Lutte (énervement)	5
Inhibition (découragement)	9
Niveau d'effet du stress sur ma santé	7
Score Stress	**5,75**

Mon état d'esprit

	Habituel	Face à une difficulté	Moyenne
Curiosité	6	2	4
Acceptation de la réalité	5	5	5
Nuance dans les représentations	7	3	5
Relativité	9	1	5
Réflexion logique	3	7	5
Opinion personnelle	8	2	5
Score moyen	**6,3**	**3,3**	**4,9**

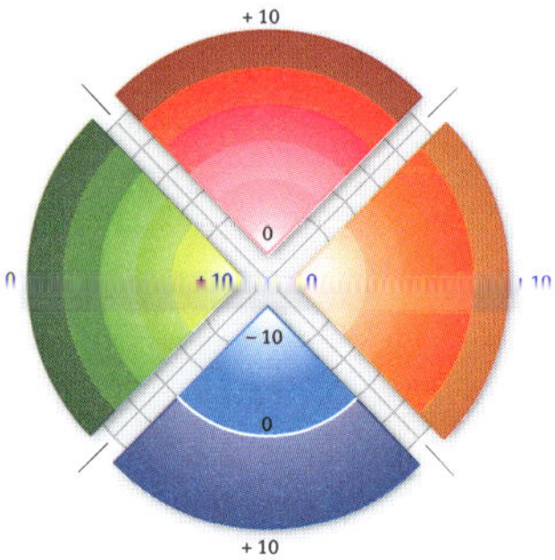

Mes situations « gâchettes »	
Irresponsabilité	2
Prétention	10
Échec	8
Gaspillage	4
Naïveté	6
Rigidité	2
Inefficacité	5
Banalité	1
Agir sans réfléchir	2
Agir sans tact	8
Score	**4,8**

Ma façon de gérer mes ambitions

	Niveau d'exigence	Niveau de moyens	Écart
Professionnel	8	5	3
Personnel	3	6	– 3
Score moyen	**5,5**	**5,5**	**0**

EYROLLES

Un questionnaire IME/INC

La quête de vous-même

Toute quête suppose de déchiffrer les secrets de la carte au trésor. Dans *Votre profil face au stress*, le code du stress dévoilera vos réactions de stress privilégiées et vous permettra de les identifier dans votre vie quotidienne. Une prise de conscience imparable pour débuter.

La quête du bon état d'esprit

Être serein, même en situation difficile, n'est pas un simple constat. C'est l'expression d'un état d'esprit adaptatif, qui débranche votre « pilote automatique ». Apprenez à débrancher le vôtre à volonté pour offrir moins de prise au stress.

La quête de vos « situations gâchettes »

Certaines situations vous amènent inexorablement dans un état de stress. Les mêmes sujets, les mêmes mots, la même attitude provoquent inlassablement cet effet. Apprenez à gérer ces situations « gâchettes », pour qu'elles ne vous gâchent plus le plaisir.

Le chemin du succès

Pour ne pas vous mettre inutilement la pression, apprenez à gérer situations et projets en tenant compte des moyens réels à votre disposition et en vous fixant des objectifs qui en tiennent compte.

Au final, le « trésor personnel » qui vous attend, c'est votre « passeport zen », un mode d'emploi simple et personnalisé à utiliser en cas de stress.

À vous de jouer !

Le moment est venu de renseigner votre questionnaire « Votre profil face au stress ». Vous en avez besoin pour lire la suite de l'ouvrage.

Rendez-vous maintenant sur le site www.votreprofilde.com

Cliquez sur « Votre profil face au stress ».

Laissez-vous guider.

Lorsque votre code d'accès vous sera demandé, vous le trouverez dans l'encart de la page de garde du livre. Reportez-le dans la case correspondante.

Une fois votre questionnaire terminé, vous n'aurez plus qu'à vous munir de votre page de résultats pour aborder le livre.

Préambule

Tous égaux face au stress

Certaines personnes franchissent les vagues de stress comme des brise-glace se fraient un chemin dans la banquise. Tranquilles. Imperturbables. Rien ne semble les inquiéter, les énerver, les décourager. D'une sérénité olympienne, elles demeurent ouvertes et nuancées en toute circonstance. Elles s'adaptent aisément à la situation qu'elles rencontrent. Sans heurt, comme si rien ne les touchait. Pourtant, il s'agit bien d'êtres humains qui vivent dans la même société que nous et sont confrontés quotidiennement au stress. Comme nous, ils éprouvent sûrement des difficultés à concilier vie privée et vie professionnelle. Leur charge de travail doit augmenter comme la nôtre. Ils subissent également des pressions économiques diverses... et sont également contraints de composer avec de nouveaux modèles familiaux, sociaux ou sociétaux.

Mais alors, comment font-ils ? Leur calme s'explique-t-il par un gène de la « zénitude » qui les soustrait d'office aux aléas des sautes d'humeur ? Ou s'explique-t-il plutôt par une gestion de leur stress meilleure que celle de la majorité de leurs concitoyens avec, au final, une propension plus faible à être sujet au stress, une manière plus fluide d'y faire face et des méthodes adaptées pour s'y soustraire rapidement ?

La seconde option est la bonne. C'est pourquoi vous trouverez dans ce livre des moyens pratiques et directement utilisables pour donner moins de prise au stress. Car, s'il n'existe pas de vaccin contre le stress, rien ne vous empêche de développer votre immunité « anti-stress ». Et si, par chance, autour de vous naviguent des brise-glace, ne les jalousez pas. Utilisez-les comme repères, comme modèles de référence, pour mesurer votre propre progression face au stress, ce « mal du siècle » qui est tout, sauf une fatalité.

Pourquoi « profiler » le stress ?

Le stress est un état psycho-physiologique universel. Tout le monde a connu, connaît et connaîtra le stress. Pourtant, certains y succombent rapidement là où d'autres, tels que nos « brise-glace », y restent insensibles. Certains le ressentent fort, d'autres faiblement. Certains le ressentent au travail, mais pas à la maison, d'autres à la maison, et pas au travail... Certains vivent une éphémère pointe d'agacement, où d'autres entrent dans une colère noire... Si le stress est universel, le vécu de stress, lui, est unique, individuel.

Nous profilerons le stress :

- parce qu'il existe plusieurs manières de réagir en cas de stress, et que nous avons tous nos « préférences » ;
- parce que nous avons tous des situations « gâchettes » qui déclenchent inévitablement du stress lorsque nous y sommes confrontés ;
- parce que nous ne nous mettons pas toujours dans l'état d'esprit idéal pour prévenir ou limiter les interférences dues au stress, et que cela, comme bien d'autres choses, peut être réglé pour peu que l'on effectue le bon diagnostic... et que l'on applique le traitement adéquat ;
- parce que notre manière de définir et de mener à bien nos objectifs, nos projets et nos actions peut être, en soi, stressante, quel que soit le niveau d'ambition affiché.

Après avoir rempli l'autodiagnostic en ligne que nous vous proposons, vous obtiendrez votre profil « zen » personnalisé. Les profils décrits dans ce livre s'appuient sur une approche innovante en gestion des comportements humains, à l'intersection des neurosciences, de la psychologie cognitive et des sciences du comportement : l'approche neurocognitive et comportementale (ANC).

1
Bref aperçu des trois familles de stress

Le stress, mal du siècle

Le stress physiologique

Le stress n'est pas spécifiquement lié à notre mode de vie actuel. Ce n'est pas un « trouble symptomatique » de notre société. Il a existé à toutes les époques et ne se limite pas à l'espèce humaine. À partir du stade d'évolution des reptiles, toutes les espèces animales sont équipées de ce mécanisme de défense individuel. Il est « instinctif », programmé génétiquement en nous depuis toujours. À la base, le stress est chargé d'assurer la survie individuelle : c'est un état d'alarme de l'organisme face à une agression physique de l'environnement (à commencer par les prédateurs). Cet état permet à l'organisme de réagir à cette agression en utilisant l'un ou l'autre mode de défense préprogrammé, donc stéréotypé, comme nous le verrons dans le chapitre 2.

La palette d'expressions du stress est donc assez limitée. C'est une réaction physiologique « aspécifique » : elle sera toujours identique quel que soit le type d'agression ou d'agent « stresseur ». La présence du « stresseur » dans l'environnement, lorsqu'elle est perçue par l'organisme, perturbe son équilibre interne, ce qui provoque la mise en route de deux systèmes d'alerte :

- le système adrénosympathique qui, dès les premières secondes, favorise la concentration de l'attention et l'augmentation de la vigilance ;
- le système neuro-endocrinien, mobilisant le cerveau et le système hormonal qui, dans les minutes suivantes, assure le maintien du nouvel équilibre interne découlant

de cet état d'alerte. Grâce à lui, l'activité musculaire et intellectuelle est maintenue en état d'alerte. La locomotion est également favorisée.

Ces mécanismes sont ceux qui entrent en jeu lors d'un stress aigu, c'est-à-dire face à une menace, mais aussi face à un enjeu ponctuel. Dans la sphère professionnelle, cet état d'alerte peut s'observer lors d'une prise de parole en public, de la remise urgente de dossiers, ou d'un changement de poste de travail. Les symptômes de stress s'arrêtent généralement peu de temps après que la situation stressante a pris fin.

Le stress psychosocial

Si l'homme a conservé la mémoire génétique de cette réaction de stress, il ne la réserve plus seulement à l'agression physique, devenue nettement moins fréquente au fil de l'évolution de la société humaine. Le stress survient le plus souvent dans des situations où la survie n'est pas en danger. Son apparition dans des situations de « simple » désaccord, dans des situations qui nous « échappent », à des moments où l'on se sent submergé indique qu'il a évolué. Il est devenu aujourd'hui psycho-émotionnel et la nature des agressions peut être très diverse. On parle de « stress psychosocial ». Les travaux des vingt-cinq dernières années[1] tendent à démontrer que le stress est un signal d'alarme interne qui témoignerait de la mise en œuvre de stratégies inadaptées à la situation.

Ce mécanisme est plus complexe que le précédent car c'est un phénomène interactif entre l'organisme et la situation qu'il vit. Ici, il n'est donc plus question de simples réactions physiologiques, ni de mécanismes instinctifs (stéréotypés) face à une agression extérieure. Le stress psychosocial fait intervenir la mémoire, l'apprentissage et donc les structures cérébrales plus évoluées que celles des reptiles : les structures affectives et limbiques. Des travaux récents ont démontré que chaque situation stressante (et les réactions bio-

1. H. Laborit, *L'Inhibition de l'action*, université de Montréal et Éditions Masson, 1980 – J. et F. Fradin, *La Thérapie neurocognitive et comportementale*, Publibook Université, 2004 (3e édition) – J. Fradin *et al.*, *L'Intelligence du stress*, Eyrolles, 2008 – M. D. Lieberman, « Reflective and reflexive judgement processes : A social neuroscience approach », *in* J. Forgas, K. Williams et W. Hippel (dir.), *Social Judgements : Implicit and explicit processes* (p. 44-67), Cambridge University Press, New York, 2003.

logiques qu'elle engendre) est stockée en mémoire tout au long de notre existence[1]. En d'autres termes, quand on se retrouve dans une situation stressante, l'intensité et la durée de notre réaction hormonale sont influencées par l'expérience acquise lors de situations stressantes précédemment vécues, mémorisées et associées à la situation présente.

Le stress psychosocial engendre la perte de moyens intellectuels, d'informations, de temps, d'énergie, d'efficacité. Il rend la personne qui en souffre impulsive et entraîne sa fermeture aux autres. En outre, il entraîne la répétition de problèmes, puisqu'il s'associe à la situation en cours comme il le fut à d'autres jugées similaires par la personne. Toutefois, c'est un état instable, puisqu'il fluctue au cours de la situation et disparaît lorsqu'elle évolue. Comprendre les mécanismes du stress psychosocial permet de changer progressivement et durablement notre comportement spontané en développant notre perception des autres. Il devient alors possible de reporter l'échange puis de parler avec plus de recul, de lucidité et de créativité.

Le stress somatique et le burn out

Le stress a des effets sur l'organisme. Les symptômes peuvent être d'ordre musculaire (raideurs et tensions musculaires, tremblements, douleurs à la nuque ou au dos...), d'ordre digestif (mal au ventre, estomac noué, troubles digestifs [acidité, brûlures] ou intestinaux [diarrhée, colites, constipations]), d'ordre cardiaque (tachycardie, arythmie, angine de poitrine), d'ordre respiratoire (essoufflement, toux, asthme...) ou d'ordre neurologique (maux de tête, migraines...).

C'est ce qui se passe lorsque notre corps répond à une situation de stress chronique, c'est-à-dire à un stress qui s'inscrit dans la durée. Dans le cadre de l'activité professionnelle, c'est à ce type de stress que l'individu fait face quand, jour après jour, il a l'impression que ce qui lui est demandé excède ses capacités. Bien que l'être humain ait naturellement une faculté d'adaptation au changement, l'aspect répétitif voire imprédictible du stress chronique affecte sérieusement cette faculté d'adaptation. La conséquence à plus ou moins

1. S. Kuhlmann, M. Piel et O. Wolf, « Impaired memory retrieval after psychological stress in healthy young men », *Journal of Neuroscience*, 25(11), 2005, p. 2977-2982.

long terme en est le *burn out*. Ce risque psychosocial professionnel est un syndrome d'épuisement professionnel consécutif à un stress permanent et prolongé.

Sur le long terme, il apparaît clairement que le stress et en particulier les situations stressantes chroniques ont des conséquences néfastes tant sur la santé mentale et physique des personnes que sur leurs performances.

Le stress au travail

Malgré les progrès des conditions de travail réalisés depuis plus d'un siècle, le sentiment de stress au travail est de nos jours mis en avant comme l'un des grands maux de nos sociétés modernes. Le stress touche quatre salariés sur dix. Il est en nette augmentation dans les catégories supérieures (47 %) et pour les cadres supérieurs (57 %). Le stress peut être considéré comme l'indicateur et le dénominateur commun de l'ensemble des risques psychosociaux. Mieux le détecter, le prévenir et le gérer est au cœur de la prévention et de la gestion des autres risques psychosociaux.

Le modèle ANC : vingt-cinq ans de recherche

Le modèle du stress développé dans ce livre est intégré à un modèle plus global de lecture et de gestion des comportements humains : l'ANC (approche neurocognitive et comportementale). Ce modèle innovant, apparu en 1990, a été affiné par vingt ans de recherche menées par Jacques Fradin et son équipe en thérapie neurocognitive et comportementale. Il fait le lien entre le cerveau et les comportements. Ou, si vous préférez, entre le centre de décision et leurs applications, entre les motivations d'un individu et ses actes en associant attitudes, comportements et modes de pensée. Inspirée des travaux d'Henri Laborit et notamment de son modèle du stress qu'elle complète, l'ANC est une clé pour objectiver, comprendre et interagir avec une nouvelle efficacité dans les relations humaines. Au niveau individuel, elle permet à chacun de développer sa sérénité intérieure, d'optimiser plaisir personnel et performances et de mieux se connaître. Elle agit également au niveau relationnel, pour lier et entretenir des relations « intelligentes », ou organisationnel, pour rendre l'organisation compatible avec le fonctionnement biologique des hommes.

Le modèle ANC a été conçu et développé depuis 1987 par l'Institut de médecine environnementale (IME Paris), un centre de recherche multidisciplinaire en neurosciences cognitives et comportementales dirigé par Jacques Fradin. L'originalité des recherches qui y sont menées vient des apports des différentes disciplines et surtout du croisement de leurs approches méthodologiques.

L'IME a défini une philosophie de recherche construite sur la volonté de transférer les résultats des recherches fondamentales qu'il réalise à différents domaines d'application, dont le développement personnel, la clinique, la gestion des ressources humaines, le management, la formation et la consultance. Ce transfert fait partie des objectifs qui guident à la base la conception des recherches.

Dans le cadre du modèle du stress, l'IME a mené des recherches avec l'Imassa (Institut de médecine aérospatiale du service de santé des armées – France), antenne de l'Irba (Institut de recherche biomédicale des armées – France). En 2007-2008, une expérience relative à la gestion du stress a été menée sur trois groupes d'élèves-pilotes militaires. Parmi les nombreuses données collectées et analysées, les résultats cognitifs et physiologiques sont particulièrement intéressants et se montrent en faveur du modèle du stress de l'IME. Au vu de la portée de cette recherche comme de son importance stratégique pour l'armée de l'air française, aucune information détaillée concernant les performances en vol n'est divulguée.

L'IME a souhaité participer au développement de la connaissance scientifique interdisciplinaire sur la question du stress au travail et à une démarche nationale de prévention/gestion du stress et des risques psychosociaux en France. Une enquête nationale a été lancée en 2010 avec l'objectif de suivre l'évolution du stress au travail d'année en année. Les résultats de cette enquête intitulée « Enimest » (Enquête nationale IME sur le stress au travail) ont permis de définir des plans d'action efficaces et ciblés, tant aux niveaux sociétal et institutionnel qu'au niveau des organisations elles-mêmes[1].

1. Pour en savoir plus : www.ime.fr.

L'INC : expertise et solutions

Informer. Sensibiliser. Donner envie. Faciliter le changement. Partenaire de l'IME depuis sa création en 2008, l'Institute Of NeuroCognitivism (INC) est une association internationale de formation à l'ANC destinée aux professionnels de l'humain (professionnels de l'accompagnement, des ressources humaines, du management, de la santé et de la formation).

À travers ses modules de formation, l'INC met à leur disposition :

- des outils de diagnostic ;
- des outils de compréhension et de modélisation ;
- des outils d'intervention ;
- des espaces d'échange pluridisciplinaires.

Formation, expertise et transformation, puisque son objectif consiste à vulgariser l'ANC pour la rendre accessible à un public plus large à travers une gamme de supports étendue.

Sur la base des résultats des recherches menées à l'IME, l'Institute of NeuroCognivism développe :

- un réseau d'experts, coachs et thérapeutes formés à l'ANC, référencés sur le site ;
- un questionnaire en ligne de connaissance de soi (VIP2A) ;
- un questionnaire en ligne de mesure de la performance sociale et organisationnelle (Vipso) ;
- des outils de développement personnel ;
- des outils de communication (livres, sites Internet)[1].

Le questionnaire des 4 indicateurs du stress

Malgré les apparences, ce questionnaire n'est PAS un test, puisqu'il n'y a pas de bonne ou de mauvaise réponse. C'est un inventaire. Il ne mesure pas des performances. Il situe des préférences. Autrement dit, votre profil ne va pas vous dire si vous êtes plus ou moins stressable ou stressé que la norme ou que votre voisin. Il va vous indiquer votre manière d'exprimer votre stress, la source de ce dernier, le moyen de le gérer à la source et de limiter son apparition dans la vie de tous les jours... et de réduire son effet.

1. Pour en savoir plus : www.neurocognitivism.com.

Ce que mesure le questionnaire

Votre profil va prendre la forme d'un graphique en quatre quadrants de couleur, contenant, pour chaque quadrant, une note globale assortie d'un tableau apportant des précisions sur cette dernière.

À chacun son stress

Grâce à cette première étape, vous apprendrez à identifier votre modalité de stress, puis à la repérer lorsqu'elle fera irruption dans votre vie quotidienne. La reconnaître, c'est déjà lui donner moins de prise.

Mon stress	/10
Fuite (anxiété)	2
Lutte (énervement)	5
Inhibition (découragement)	9
Niveau d'effet du stress sur ma santé	7
Score Stress	**5,75**

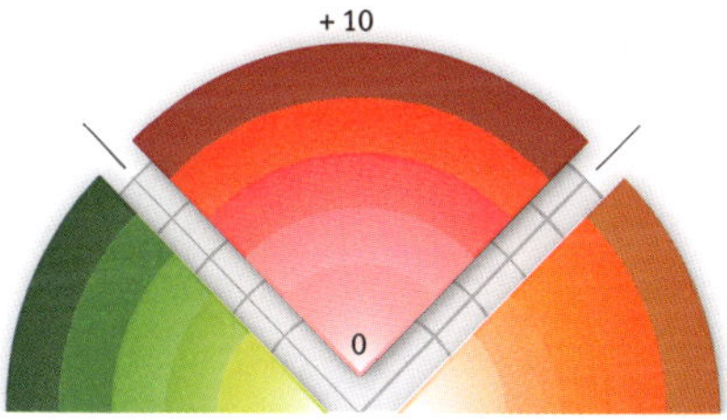

Ce quadrant mesure votre propension au stress. Plus le niveau de couleur est élevé, plus vous êtes facilement ou fréquemment sujet au stress. Ce niveau tient compte à la fois de votre modalité privilégiée de stress, mais également de la présence éventuelle de stress somatique dans votre vie.

Le tableau annexé détaille la modalité de stress que vous privilégiez. Il en existe trois, qui remplissent la même fonction, mais pas de la même manière : ils s'expriment très différemment et ne sont pas perçus de la même façon par les personnes extérieures. Nous sommes tous « génétiquement programmés » de la même manière, aussi utilisons-nous généralement les trois, avec une préférence parfois très marquée pour une des trois modalités.

Les modes mentaux : une question d'état d'esprit

Cette seconde étape sera l'occasion d'apprendre à prévenir votre stress à froid et à le déconnecter à chaud, c'est-à-dire en temps réel, dans la situation.

Mon état d'esprit	Habituel	Face à une difficulté	Moyenne
Curiosité	6	2	4
Acceptation de la réalité	5	5	5
Nuance dans les représentations	7	3	5
Relativité	9	1	5
Réflexion logique	3	7	5
Opinion personnelle	8	2	5
Score moyen	**6,3**	**3,3**	**4,9**

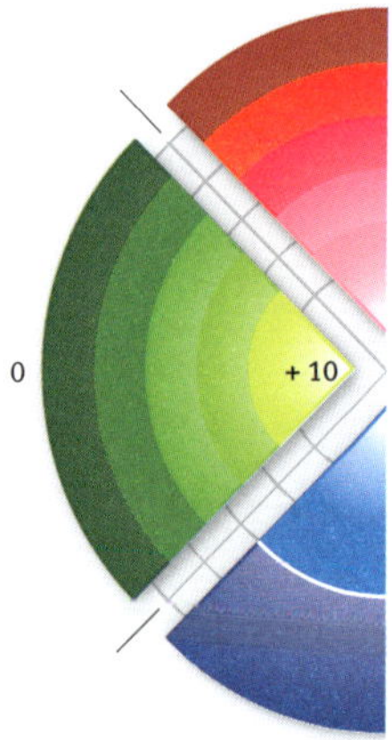

Ce quadrant mesure votre manière d'aborder, et de vivre, une situation stressante. Parce que le stress, c'est une question d'état d'esprit. Soit vous branchez votre « pilote automatique » et vous agissez, dans la situation, comme vous le faites d'habitude. Soit vous passez en mode adaptatif et réfléchissez parce que vous avez perçu que la situation contenait des éléments inconnus ou complexes, que votre pilote automatique ne peut prendre en charge. Plus le score du quadrant est élevé, plus il vous est difficile de vous mettre dans l'état d'esprit le plus adapté à la situation : le stress apparaît quand votre pilote automatique s'enclenche alors qu'il aurait été préférable de changer de comportement.

Puisque pilote automatique et mode adaptatif prennent une décision en suivant le même schéma, il est possible de rectifier volontairement le tir et de rendre la parole au second. Le tableau annexé détaille à quelle étape de la décision il vous est possible d'intervenir pour reprendre la main.

Les intolérances : ce que vous ne supportez pas vous stresse

Ce quadrant indique ce qui, dans votre environnement, provoque systématiquement du stress chez vous. Une information importante pour couper l'herbe sous le pied de ce qui vous stresse !

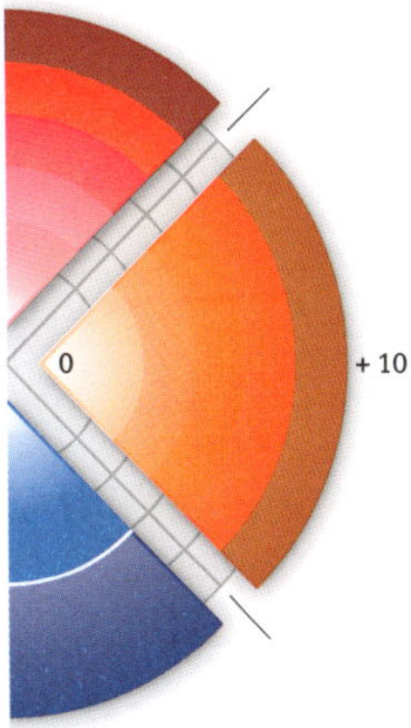

Mes situations « gâchettes »	
Irresponsabilité	2
Prétention	10
Échec	8
Gaspillage	4
Naïveté	6
Rigidité	2
Inefficacité	5
Banalité	1
Agir sans réfléchir	2
Agir sans tact	8
Score	**4,8**

Ce quadrant mesure vos situations gâchettes, c'est-à-dire les situations types qui vous plongent instantanément dans le stress. Plus le niveau est élevé, plus vous êtes sensible à une ou plusieurs de ces situations.

Le tableau annexé distingue, à partir de dix situations gâchettes types, celles qui vous touchent de celles qui vous touchent moins, voire pas du tout. Vous vous apercevrez que ces situations sont fortement dépendantes des valeurs véhiculées par la société dans laquelle nous évoluons chaque jour. Ces situations nous confrontent à des attitudes ou comportements que nous ne tolérons pas, ce qui nous stresse... mais ce n'est pas irrémédiable. Un petit travail sur les situations gâchettes devrait réduire drastiquement votre stress.

L'adéquation Moyens/Exigences : Avez-vous les moyens de vos ambitions ?

Ce quadrant indique ce qui, dans votre manière de planifier vos projets puis d'agir, est source de stress. Indispensable pour éviter de reproduire les mêmes erreurs.

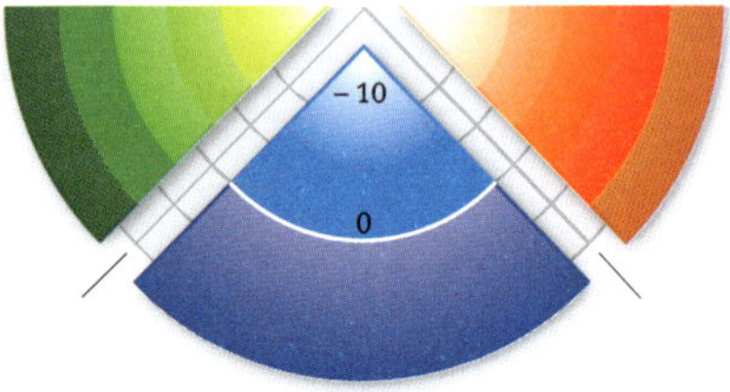

Ma façon de gérer mes ambitions			
	Niveau d'exigence	Niveau de moyens	Écart
Professionnel	8	5	3
Personnel	3	6	– 3
Score moyen	**5,5**	**5,5**	**0**

Ce quadrant mesure votre manière de gérer vos ambitions. Plus le score global est élevé, plus grand est l'écart entre vos ambitions et les moyens objectifs que vous mettez en place pour les atteindre. Le tableau distingue les ambitions dans votre vie professionnelle de celles de votre vie privée. Une petite méthode pour ajuster ambitions et moyens vous aidera à diminuer le stress ressenti dans ces circonstances.

2

Quel est votre mode de stress ?

Le rôle du stress

Mon PROFIL face au stress

Votre nom

Mon stress	/10
Fuite (anxiété)	2
Lutte (énervement)	5
Inhibition (découragement)	9
Niveau d'effet du stress sur ma santé	7
Score Stress	**5,75**

Mon état d'esprit	Habituel	Face à une difficulté	Moyenne
Curiosité	6	2	4
Acceptation de la réalité	5	5	5
Nuance dans les représentations	7	3	5
Relativité	9	1	5
Réflexion logique	3	7	5
Opinion personnelle	8	2	5
Score moyen	**6,3**	**3,3**	**4,9**

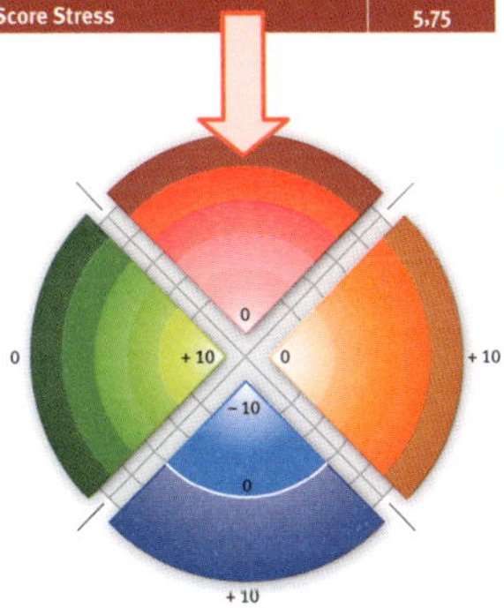

Mes situations « gâchettes »	
Irresponsabilité	2
Prétention	10
Échec	8
Gaspillage	4
Naïveté	6
Rigidité	2
Inefficacité	5
Banalité	1
Agir sans réfléchir	2
Agir sans tact	8
Score	**4,8**

Ma façon de gérer mes ambitions	Niveau d'exigence	Niveau de moyens	Écart
Professionnel	8	5	3
Personnel	3	6	– 3
Score moyen	**5,5**	**5,5**	**0**

EYROLLES

Un questionnaire IME/INC

Un signal d'alarme instinctif

Dans le monde animal, il suffit ordinairement d'une seule erreur pour mourir… Le stress y officie comme un puissant mécanisme de survie. Primitif, mais efficace. Ce qui explique que cette réaction instinctive, génétiquement programmée, a été conservée, au cours de l'évolution des espèces, pour sa faculté à assurer la survie individuelle dans un environnement hostile. Nous en avons hérité, comme de nombreuses autres classes animales (reptiles, oiseaux, autres mammifères que nous, etc.).

Au niveau anatomique, le stress provient d'un niveau cérébral archaïque situé dans les territoires reptiliens. Il est chargé de nous protéger. Lorsque l'organisme détecte une situation de danger ou l'interprète comme telle, il enclenche immédiatement le stress. Ce niveau cérébral fonctionne de manière essentiellement inconsciente et instinctive : il ne nécessite aucun apprentissage, étant en place dès la naissance. Il n'en permet aucun non plus, ce qui explique le caractère peu contrôlable, du moins directement, des vécus et impulsions qui en proviennent.

Programmation génétique, instinct, inconscient. Les comportements que nous adoptons en situation de stress sont des comportements stéréotypés, que nous ne maîtrisons pas. Nous vivons des états d'anxiété, d'agressivité défensive ou de découragement que nous pouvons associer à trois états instinctifs. On retrouve ces états pratiquement à l'identique dans les comportements animaliers, leurs variations dépendant surtout des spécificités anatomiques des espèces concernées. Prenons trois exemples pour illustrer cela : celui d'un oiseau coincé dans un appartement et chassé par le chat de la famille, celui d'un zèbre pisté dans la savane par un guépard, celui d'un piéton qui vient de bousculer une personne qui n'entend pas se limiter à des excuses.

Face à un danger, tout animal ou toute personne adopte l'un des trois comportements suivants :

Il cherche à s'échapper ou à se cacher (état de Fuite) :

- 1. le chat fait une première tentative, qui rate, et l'oiseau se met à tournoyer à tire-d'aile dans tout l'appartement, sous le regard concentré du félin ;
- 2. le zèbre a repéré le guépard et se lance dans un long galop à travers la savane ;

- 3. le piéton se met à marcher plus rapidement, poursuivi par sa « victime », et entre précipitamment dans une grande boutique de vêtements.

Si la fuite ne marche pas, il se retourne contre l'agresseur, cherche à l'intimider par des rituels de combat et, en dernier recours, engage le combat (état de Lutte) :

- 1. l'oiseau, dans la gueule du chat, se met à battre frénétiquement des ailes pour que le félin lâche prise ;
- 2. acculé au bord d'un précipice, le zèbre fait face au guépard et se cabre, lançant ses sabots en avant ;
- 3. le piéton, coincé par sa « victime » entre deux rayons de costumes pour hommes, s'emporte et lui demande ce qu'il lui veut.

Lorsqu'il y a échec des deux stratégies précédentes, il tente, selon les cas, de faire le mort, de se faire oublier, pardonner... (état d'Inhibition) :

- 1. l'oiseau, toujours dans la gueule du chat, fait le mort. Le chat, peut-être un peu déçu, relâche sa prise. L'oiseau s'envole illico ;
- 2. après avoir rué sans succès, après avoir été mordu à plusieurs reprises, le zèbre s'arrête, frémissant, puis abaisse son encolure, à la merci du guépard ;
- 3. la voix du piéton s'éteint d'un coup. Il ne vocifère plus, mais demande à nouveau pardon, d'une voix humble, résignée... et convaincante. Sa « victime » accepte ses nouvelles excuses et s'en va.

Ces trois états de stress sont fonctionnellement identiques, en ce sens qu'ils se déclenchent ou alternent indifféremment pour faire face à des causes identiques.

Dans l'histoire « récente » de notre espèce, les cultures humaines ont créé des conditions de vie qui permettent d'être de moins en moins confronté au stress « primitif », « animal », en anticipant notre propre sécurité, donc notre exposition au danger. Pourtant, l'observation quotidienne montre que l'homme est au moins aussi stressé que n'importe quel animal en contexte sauvage.

Un signal venu de l'intérieur...

Quand on pose la question de savoir ce qu'est le stress et quelle est sa fonction, la plupart des individus répondent spontanément qu'il s'agit d'une réaction à quelque chose qui les stresse, que ce soit une personne, une attitude, une situation ou un événement. Ils se sentent agressés, bousculés ou forcés d'agir par elle et relèvent fréquemment un vécu d'agression, d'incompréhension, de manque de reconnaissance, etc. Ils identifient donc le stress comme ayant une cause extérieure à eux.

Ils ajoutent que le stress survient toujours dans une situation difficile, qui ne se passe pas bien. On se sent, en fonction des situations, soit énervé (état de Lutte), soit inquiet (état de Fuite), soit abattu (état d'Inhibition). On a alors tendance à ne pas « assurer » : nos réactions ne sont pas conformes à nos propres attentes. La plupart du temps, on sait pertinemment qu'il faudrait se calmer, mais on ne parvient pas à se maîtriser pour adopter la bonne attitude. Il arrive qu'on se reproche, par la suite, ce manque frustrant de discernement : « Si j'avais pu... » Le stress ressenti est identifié comme étant l'élément perturbateur, celui qui trouble la réaction. Il est bel et bien interne.

C'est d'autant plus flagrant quand on compare ce stress à d'autres situations difficiles où vous parvenez à conserver votre calme. Qui n'a jamais rattrapé un enfant au tout dernier moment, avant qu'il ne chute ou ne traverse une route départementale sans regarder ? Qui n'a jamais aidé une personne fraîchement blessée ? Bien que ces situations soient potentiellement graves, vous êtes parvenu à conserver le sang-froid indispensable pour avoir les bons gestes au bon moment. Le temps semblait s'écouler moins rapidement. Nul doute qu'en y repensant, vous vous rappelez à quel point vous étiez calme, contrôlant la situation... même si, juste après, un énorme soupir ou quelques tremblements vous ont permis de relâcher la pression. De ces épisodes, vous pouvez déduire qu'il n'y a pas de lien entre le stress et la gravité de la situation. Ce qui nous stresse, c'est donc bien notre manière d'appréhender une situation (pas toujours grave).

D'ailleurs, dans une situation difficile, quand vous stressez alors qu'une autre personne, aux compétences égales aux vôtres et également impliquée dans la situation, reste calme, cela ne vous laisse pas indifférent. Soit vous pensez qu'elle s'en moque et ne se sent pas concernée, soit vous l'admirez : comment fait-elle pour garder son calme ? Si la situation induit une réaction d'une des personnes présentes, vous avez tendance à lui céder la main et à lui faire confiance. Ou, à tout le moins, davantage confiance que vous ne le feriez à vous-même. Vous percevez que votre stress vous appartient, qu'il correspond à votre manière d'aborder la situation. Pas forcément à celle du voisin.

Pour confirmer cela, inversons les rôles. Dans une situation difficile, vous êtes calme alors que votre voisin(e) est stressé(e). À quel point lui faites-vous confiance pour prendre les bonnes décisions ? Vous lui confieriez le volant ? votre enfant ? une présentation à faire devant votre manager ? *A priori,* non... Vous aurez tendance à lui dire quelque chose comme : « Ne t'inquiète pas, je m'en occupe », et à vous en occuper effectivement avant de revenir vers elle en lui demandant : « Tu te sens mieux ? » Puis, pour chercher à comprendre, vous lui demanderez peut-être ce qui s'est passé en elle pour qu'elle perde les pédales... En général, vous n'êtes pas contaminé par son stress, qui n'est donc pas une maladie contagieuse. Vous percevez que le stress du voisin lui appartient également, qu'il n'est pas contagieux et qu'il n'est jamais « bon ».

Nous ne stressons pas tous pour les mêmes raisons, ni dans les mêmes conditions. Nous n'apprécions pas les événements de la même façon, ni dans leur signification ni dans leur intensité.

Le stress physiologique répond à une agression physique réelle dans 10 % des cas. Dans les 90 % restants, il est d'origine interne, subjective, cognitive. C'est comme si nous n'étions pas ou plus capables de faire spontanément la distinction entre un danger de mort imminente et un désagrément subjectif venant d'une contrariété, d'un souci, d'une déception : échec scolaire, conflit quotidien, jugement négatif porté sur nous par notre entourage...

Un indicateur de dysfonctionnement

Voici les éléments que nous avons recueillis sur le stress :

- instinctif, préprogrammé, destiné à nous protéger ;
- fonctionnel à la naissance, incapable d'apprentissage ;
- activé par une situation et désactivé par la disparition de cette situation ;

- interne. Subjectif. Inconscient. Qui a rapport avec nos pensées, notre mental.

Alors, pour vous, qu'est-ce que le stress ? Quelle est sa fonction ?

Il apparaît toujours dans des moments où, en définitive, vous ne réagissez pas comme vous devriez. Si sa présence ne vous aide pas à mieux réagir, son apparition est, en fait, le signal que vous n'étiez pas prêt, au début de la situation, à réagir d'une manière satisfaisante. Que vous ne l'abordiez pas avec le bon état d'esprit. En d'autres termes, le stress est un signal d'alarme interne.

Il peut être interprété comme l'indicateur que vous commettez une erreur de raisonnement, au niveau de l'intention, de l'attitude ou du comportement, que vous faites fausse route, qu'il y a sans doute d'autres manières d'appréhender la situation, la réalité, et de la gérer. Le stress est au mental ce que la douleur est au physique : un indicateur de dysfonctionnement.

Comme nous le verrons, c'est un signal qui est à prendre au sérieux... Mais pas au tragique puisqu'il est évitable et qu'il peut être géré facilement.

Stress, stresseur et stressabilité

Si le stress est interne, la survenue du stress est liée à la combinaison de deux facteurs, l'un externe, l'autre interne. En l'absence d'un de ces deux éléments, vous ne stressez pas.

Le facteur externe, c'est l'agent stresseur. Les stresseurs sont inhérents à votre environnement. C'est ce qui vous stresse (et qu'on confond généralement avec le stress en tant que tel) : une personne, une attitude, une situation ou un événement. Dans la vie professionnelle, ces facteurs externes sont, par exemple, la culture et les valeurs d'entreprise, le style managérial, le relationnel, les problèmes d'organisation et de circulation de l'information, etc. Dans la vie privée, les stresseurs peuvent être des attitudes ou des habitudes qui vous déplaisent, des contingences matérielles (argent, biens...), un emploi du temps trop chargé, le style de vie de vos proches, etc. Dans certains cas, ces stresseurs peuvent devenir pathogènes, si vous y êtes exposé trop souvent.

Le facteur interne, c'est votre « stressabilité », qui se définit comme la réceptivité individuelle aux stresseurs. Si vous êtes réceptif à une attitude (l'égoïsme, la vantardise, le gaspillage, l'incohérence...), alors vous serez stressé lorsque vous y serez confronté. Par contre, si le gaspillage vous laisse de marbre, vous ne serez pas stressé si vous voyez une personne gaspiller allègrement devant vous. Vous ne vous sentirez pas affecté et serez donc en mesure d'agir pour, par exemple, montrer à celui qui gaspille l'intérêt de changer d'attitude. Si le fait d'être stressable induit le fait d'être stressé, votre comportement peut exprimer un stress dont la modalité et l'intensité peuvent être très variables. Votre stressabilité dépend de votre capacité d'adaptation, de votre motivation ou encore de votre capacité à dialoguer de manière assertive.

En résumé, le vécu de stress peut se comprendre comme le produit de ces deux facteurs :

STRESS = STRESSEURS × STRESSABILITÉ

Certes réductrice, cette équation permet néanmoins de schématiser les deux grandes catégories de facteurs qui entrent en jeu dans la genèse du stress.

Le mythe du bon stress a du plomb dans l'aile

Lorsqu'on évoque le stress au travail, on utilise communément les termes de « bon » et « mauvais » stress. Le « bon stress » permettrait une plus grande implication des individus et un renforcement de leur motivation, tandis que le mauvais stress serait pathogène. En réalité, le « bon stress » s'avère être plus un mythe moderne qu'une réalité.

L'idée selon laquelle le stress et la performance au travail étaient liés a été reprise par le management à partir de travaux d'endocrinologues. En résumé, on considérait qu'en dessous d'un certain niveau de stress, le salarié travaillait en deçà de ses capacités et qu'au-dessus de ce niveau, le stress devient mauvais pour la santé et a donc un impact négatif sur la performance. À partir de cette idée simple, le rôle du contremaître (puis du manager) consistait à mettre ses collaborateurs dans un certain état de stress, un état de stress optimal permettant d'en tirer le meilleur parti tout en préservant leur santé. Cette idée était séduisante parce qu'elle donnait aux managers un levier simple pour développer la performance de leurs équipes. Or, non seulement le lien entre le stress et la performance n'avait jamais été démontré, mais les critères mêmes de performance ont changé (initiative, réflexion, créativité...).

Dès 1990, Jacques Fradin, docteur en médecine et neuroscientifique, a explicité les mécanismes de survenue du stress social, mettant en évidence que le stress avait aussi un effet délétère sur la performance.

Éric Gosselin, professeur de psychologie du travail au Département de relations industrielles à l'université du Québec, a, parmi plusieurs chercheurs, analysé 52 études internationales, menées entre 1980 et 2006, portant sur la relation stress/performance. Il ressort que :

- dans 75 % des cas, plus le stress augmente, plus la performance diminue ;
- dans 15 % des cas, il n'y a aucune relation entre le stress et la performance ;
- dans seulement 10 % des cas, la performance augmente avec un peu de stress et diminue s'il y en a trop peu ou trop (le mythe du bon stress !).

Sur le long terme, il apparaît clairement que le stress et en particulier les situations stressantes chroniques ont des conséquences néfastes tant sur la santé mentale et physique des personnes que sur leurs performances. Depuis peu, l'assurance maladie, l'État, les partenaires sociaux et les entreprises elles-mêmes ont reconnu les effets délétères du management par le stress. Elles ont commencé à réfléchir sur les raisons de l'augmentation des risques psychosociaux, qui recouvrent des risques professionnels portant atteinte à l'intégrité physique et à la santé mentale et relationnelle des salariés. Le stress figure en tête de liste. C'est pour toutes ces raisons qu'il est difficile de parler de « bon stress ».

Comment lire votre graphe ?

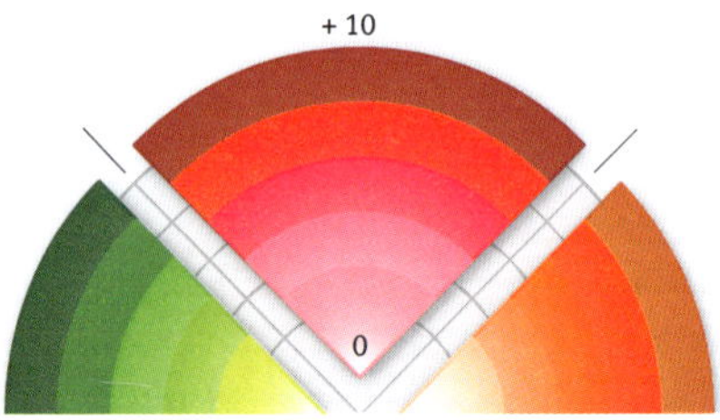

Votre score global est inférieur à 3/10

Vous êtes peu sujet au stress. Peu stressable, de manière générale, vous abordez la majorité des situations que vous rencontrez avec calme et sérénité. Vous êtes constamment prêt à l'action, sans frein, sans que le vécu de stress vienne perturber cette dernière. Vous ne souffrez pas d'un stress chronique et évitez les environnements qui pourraient avoir une influence néfaste, à long terme, sur votre organisme. Un petit indice pour reconnaître cet état : vous êtes envié par votre entourage, qui a tendance à se reposer sur vous en cas de coup dur (ou du moins vécu comme tel par ces personnes).

Votre score global est supérieur à 3/10

Comme la plupart des gens, vous êtes sujet au stress. Plus le niveau de couleur est élevé, plus vous êtes facilement ou fréquemment sujet au stress. Cet indicateur global tient compte à la fois de votre modalité privilégiée de stress (fuite, lutte ou inhibition), mais également de la présence éventuelle d'effets somatiques du stress dans votre vie (maux de tête, troubles digestifs, cardiaques ou respiratoires).

Le tableau annexé détaille la modalité de stress que vous privilégiez entre fuite, lutte et inhibition. Généralement, chacun utilise les trois modalités, avec une préférence naturelle pour l'une d'entre elles. Comme vous le verrez, ces modalités ne s'excluent pas : l'une ou l'autre peut apparaître en fonction des situations, et on peut passer de l'une à l'autre instantanément, au cœur de la situation stressante.

Vous stressez et vous fonctionnez en mode « Fuite »...

Mon stress	/10
Fuite (anxiété)	2
Lutte (énervement)	5
Inhibition (découragement)	9
Niveau d'effet du stress sur ma santé	7
Score Stress	**5,75**

Quand vous stressez sur ce mode, vous ressentez confusément une envie tenace d'être ailleurs. Vous cherchez à fuir, à échapper à la contrainte de l'agresseur. De ce fait, vous êtes agité, anxieux, embrouillé. C'est parfaitement normal : vous suivez le programme instinctif de l'état de fuite. Cette attitude représente un prisme qui, en déformant la réalité, nous prive d'une partie de nos ressources ou compétences.

L'instinct de la fuite et les vécus associés

Au fil de l'évolution, nous avons conservé plusieurs mécanismes de défense destinés à assurer notre survie. La fuite en fait partie. Nous sommes dotés de ce programme instinctif, au même titre que les reptiles, les oiseaux, les autres mammifères, etc. Parmi ces trois classes du règne animal, choisissez une espèce que vous appréciez et mettez-vous, l'espace de quelques instants, à sa place.

La tension

Vous êtes cet animal. Vous êtes confronté à un prédateur. Dès que le danger est détecté, votre cerveau prépare l'organisme à détaler. Physiologiquement, il provoque l'accélération préventive du cœur et de la respiration pour augmenter l'oxygénation des tissus et la vasodilatation pour assurer une meilleure irrigation sanguine des organes périphériques (muscles). Il vide également l'organisme du poids superflu (urine) de manière à l'alléger au maximum. C'est que, pour échapper à votre agresseur, vous risquez de devoir courir/voler le plus rapidement possible, peut-être sur une longue distance. Dans la nature, en cas d'échec, on n'a pas de deuxième chance : vous courez/volez pour survivre...

C'est pour cela que, quand vous êtes en état de fuite, votre cœur bat la chamade et que vous respirez plus rapidement (vous pouvez également arrêter de respirer pendant quelques instants, l'apnée étant un moyen de concentrer son énergie en vue d'un effort intense). Vous ressentez des tensions (ou des fourmis) dans les jambes, vous tremblez et votre voix est instable, vous éprouvez des difficultés à déglutir (le larynx n'est pas un organe périphérique). Quand vous avez le trac, vous ressentez le besoin d'uriner. Et quand vous avez stressé pendant un long moment durant la journée, ou juste avant d'aller vous coucher, vous avez tendance à faire des insomnies (votre organisme est paré pour un effort intense).

L'agitation

Le prédateur a bougé. Cette fois, c'est sûr, il vous a dans le collimateur. Votre premier réflexe : vous prenez vos jambes à votre cou pour échapper au danger. Soit vous fuyez dans de grands espaces, soit vous partez à la recherche d'une cachette ou d'un congénère capable de vous offrir une protection. Vous courez ou volez le plus vite que vous pouvez, tout en demeurant très attentif à votre environnement : vous ne voulez pas tomber à cause d'un obstacle que vous n'auriez pas perçu, ou rater une cachette, sachant qu'il n'est pas question de faire demi-tour : votre prédateur ne vous en laisserait pas le temps.

C'est pour cela que, quand vous êtes en état de fuite, vous avez le regard « fuyant » (qui porte donc bien son nom) : vous cherchez une issue pour échapper à la contrainte, qui vous oblige à rester dans la même posture à la même place. En plus, vous êtes agité, embrouillé, confus : il vous est très difficile de vous concentrer et d'organiser vos pensées ou vos actions. Vous pensez à mille choses à la fois sans avoir le temps d'en entamer une seule.

La peur

Le prédateur est dans votre sillage. Vous vous sentez oppressé par sa présence. Vous êtes dans l'insécurité. La peur de succomber vous gagne. Cela donne un coup de fouet à votre organisme, qui accélère l'allure.

C'est pour cela que, quand vous êtes en état de fuite, vous ressentez de l'anxiété, voire de l'angoisse. Vous êtes insécurisé. C'est pour cela également que vous avez le trac et êtes gêné, confus, honteux, oppressé par l'agent stresseur. La fuite insuffle ces sentiments de peur, d'insécurité, pour vous donner l'envie, confuse mais efficace, d'« être ailleurs dans les plus brefs délais ».

La fin du programme

Le programme de fuite échoue lorsque nous ne courons pas assez vite, si l'issue est barrée... ou lorsque nous sommes en situation sociale moderne où il est interdit de fuir. Nous passons alors à un autre état de stress.

Appréciez la fuite pour ce qu'elle est

En état de stress de fuite, inutile de culpabiliser d'être mal là où vous êtes, ou d'avoir envie de partir, d'être anxieux, d'avoir le trac : c'est une réaction instinctive. L'accepter, chez soi (comme chez les autres), est la première condition pour pouvoir la gérer.

Mises en situation

Comparez ces réactions instinctives de fuite face à des agents stresseurs aux réactions des deux autres modalités du stress.

1. Bloqué dans un embouteillage avant un rendez-vous important, vous vous jetez fébrilement sur une carte – ou un GPS – pour vous sortir de là au plus tôt.

2. Après avoir planché toute la journée sur un dossier majeur pour votre principal client, votre directeur vous appelle à 19 heures. Il vous indique que, les plans ayant changé, il faut tout refaire pour le lendemain midi. Vous avez l'impression d'être largué. Même en faisant beaucoup d'efforts, vous n'arrivez plus à vous concentrer, ça part dans tous les sens.

3. Vous réceptionnez la commande que vous aviez passée sur le Web. Visiblement, ce n'est pas du tout conforme à ce qui était prévu. Vous vous adressez au livreur en cafouillant (« Mais, ça ne va pas du tout. Ce n'est pas ce qui était prévu. Ce n'est pas du tout ce que j'attendais... ») et réexpédiez le colis en oubliant de conserver le bon de livraison.

4. Votre collègue s'attribue auprès de la direction, devant vous, le succès d'une belle opération à laquelle il n'a participé qu'à la marge. Vous êtes estomaqué par son culot. Vous restez planté là, rouge comme une tomate, sans plus pouvoir vous exprimer.

Recherchez ce qui tempère votre stress

Vous avez la bougeotte ? Allez marcher quelques minutes. Ou, mieux, piquez un sprint. Ouvrez la fenêtre. Respirez un bon coup sur une terrasse, un balcon.

Lorsque vous êtes en état de stress de fuite, vous cherchez la conciliation. Vous avez besoin qu'un « complice » vous aide à organiser ou à exprimer vos pensées. Qu'il vous aide, en toute sympathie, à trouver des solutions en reformulant vos paroles, de manière participative. Recherchez une personne correspondant à ce profil.

Évitez ce qui renforce votre stress

En état de fuite, vous êtes anxieux ou angoissé. Évitez autant que faire se peut les personnes qui crient, menacent, coupent la parole ou sont agressives.

En état de fuite, vous ne supportez pas la contrainte. Rien de pire, pour vous, que les questions fermées, auxquelles on ne peut répondre que par « oui » ou par « non ». Reportez les réponses ou demandez à votre interlocuteur d'exprimer une question plus ouverte. Évitez les situations où vous êtes forcé à vous engager (donner votre opinion, prendre une décision, agir).

En état de fuite, vous êtes à l'affût, presque aux abois, et votre perception de votre environnement est globale, rapide mais confuse. Évitez les personnes qui se font le porte-parole de LA réalité. Voyez-les plus tard. Évitez également les personnes qui jugent et moralisent. Ce n'est pas le bon moment de le faire...

Vous stressez et vous fonctionnez en mode « Lutte »...

Mon stress	**/10**
Fuite (anxiété)	2
Lutte (énervement)	5
Inhibition (découragement)	9
Niveau d'effet du stress sur ma santé	7
Score Stress	**5,75**

Quand vous stressez sur ce mode, vous vous sentez supérieur : vous voulez avoir raison. Vous cherchez à impressionner, à ne pas être dominé. De ce fait, vous êtes susceptible, agressif, énervé. C'est parfaitement normal : vous suivez le programme instinctif de l'état de lutte. Cette attitude représente un prisme qui, en déformant la réalité, nous prive d'une partie de nos ressources ou compétences.

L'instinct de la lutte et les vécus associés

Au fil de l'évolution, nous avons conservé plusieurs mécanismes de défense destinés à assurer notre survie. La lutte en fait partie. Nous sommes dotés de ce programme instinctif, au même titre que les reptiles, les oiseaux, d'autres mammifères, etc. Parmi ces trois classes du règne animal, choisissez une espèce que vous appréciez et mettez-vous, l'espace de quelques instants, à sa place.

La focalisation

Vous êtes cet animal. Vous êtes confronté à un prédateur, un face-à-face, un duel. Dans la nature, c'est toujours le plus fort qui gagne, alors vous allez être le plus fort possible. Si vous voulez vivre, vous n'avez pas d'autre choix que de défendre chèrement votre peau, vos écailles ou vos plumes. Vous êtes en état de lutte, un état destiné à se redresser contre l'agresseur, pour tenter de le dissuader d'attaquer (et non pour l'attaquer). Il s'agit donc d'agressivité défensive. L'attention se concentre sur un endroit précis de l'espace, là où se trouve l'ennemi. Le regard se focalise et fixe l'adversaire dans les yeux pour connaître son intention. Dans la lutte, dissuader suffit, on ne court pas derrière l'adversaire s'il abandonne le combat ou même recule sans le tenter.

C'est pour cela que, quand vous êtes en état de lutte, vous vous énervez ou, mieux, vous vous mettez en colère. Quoi de plus impressionnant, chez l'être humain, qu'une grosse colère ? Votre interlocuteur sait qu'il en est l'objet : votre regard est rivé sur lui et ne le quitte pas une seule seconde. Puisque vous êtes focalisé sur votre adversaire, vous avez un esprit concret, direct, précis et le sens de la repartie. C'est pour cela également que vous êtes agressif. Vous cherchez à ne pas être dominé, vous êtes prêt à lutter pied à pied, pour chaque seconde (de vie) gagnée, chaque mot, quitte à invoquer la justice... qui s'avère très partisane, sur le coup. C'est bien connu, quand on est en colère, nos mots dépassent souvent notre pensée.

La surévaluation

Pour impressionner le prédateur, vos mécanismes de défense s'activent. Certains lézards se gonflent d'air et doublent de volume. Les chats soufflent tandis que leurs poils se hérissent. Les oies déploient toute leur envergure et font le plus de bruit possible. Cela peut suffire pour qu'un prédateur recule devant plus faible que lui si la proie semble par trop impressionnante, vindicative, teigneuse, prête à tout pour « vendre chèrement sa peau ». Les lois de la nature valent aussi pour lui : il n'a pas envie de risquer une blessure inutile.

C'est pour cela que, quand vous êtes en état de lutte, vous vous sentez supérieur. Votre organisme libère de l'adrénaline et vous donne du « culot », c'est-à-dire une tendance à vous surévaluer, à commencer par vous gratifier d'une bonne couche d'autosatisfaction et de prétention. C'est pour cela que vous voulez avoir raison. Que vous êtes irritable, susceptible, intolérant au reproche. Que vous avez besoin que l'on reconnaisse vos « brillantes » qualités d'action et/ou de réflexion.

La posture de combat

Face à votre prédateur, vous vous préparez au combat. On ne sait jamais, la dissuasion peut ne pas suffire. Un certain ralentissement du cœur et de la respiration apparaît, car il s'agit moins de se préparer à un effort maximum qu'à une détente ciblée. La tension se déplace dans le cou et les mâchoires pour mordre ou becqueter, dans les pattes antérieures pour griffer ou boxer.

C'est pour cela que, quand vous êtes en état de lutte, vos traits sont tendus et vous êtes penché en avant, cou également tendu, votre visage (votre bouche) se rapprochant de votre « adversaire », les épaules tendues, poings serrés. C'est pour cela que vous avez des gestes brusques et une voix forte, sèche, catégorique.

Appréciez la lutte pour ce qu'elle est

En état de stress en lutte, inutile de culpabiliser si vous tenez des propos qui dépassent votre pensée ou que vous êtes cassant, orgueilleux, prétentieux, susceptible… Ce n'est pas parce qu'on est orgueilleux qu'on est en lutte ; c'est parce qu'on est en lutte qu'on est orgueilleux. Cela fait partie du programme de cet état, destiné à compenser le sentiment primitif de faiblesse, devant un ennemi évalué plus fort que nous. L'accepter, chez soi et chez les autres, comme étant une réaction incontrôlable est une condition nécessaire pour le gérer.

Mises en situation

Comparez ces réactions instinctives de lutte face à des agents stresseurs aux réactions des deux autres modalités du stress.

1. Bloqué dans un embouteillage avant un rendez-vous important, vous enragez : « Bon sang, mais pourquoi ça n'avance pas ? ! Qu'est-ce qu'ils fichent tous à cette heure-là ? »

2. Après avoir planché toute la journée sur un dossier majeur pour votre principal client, votre directeur vous appelle à 19 heures. Il vous indique que, les plans ayant changé, il faut tout refaire pour le lendemain midi. Vous vous dites, furax : « Ras le bol ! Cette fois, je lui déballe tout ce que j'ai sur le cœur. »

3. Vous réceptionnez la commande que vous aviez passée sur le Web. Visiblement, ce n'est pas du tout conforme à ce qui était prévu. Vous déballez le colis et, énervé, jetez son contenu par terre.

4. Votre collègue s'attribue auprès de la direction, devant vous, le succès d'une belle opération à laquelle il n'a participé qu'à la marge. Vous vous dites : « Cette fois, ça ne va pas se passer comme ça ! Je vais lui mettre les points sur les i »...

Recherchez ce qui tempère votre stress

Lorsque vous êtes en état de stress de lutte, vous avez besoin que l'on vous dise que vous avez raison. Si quelqu'un vous le dit en toute bonne foi (détail important), votre stress retombe comme un soufflé. C'est radical. C'est un bon moment pour appeler un proche qui vous prend en considération.

Si possible, trouvez une personne juste et directe qui puisse vous écouter, vous comprendre et vous tempérer en étant simple, logique, concrète, factuelle, mais pas trop intrusive dans sa volonté de vous conseiller, car en mode lutte on ne supporte pas les « donneurs de leçons ».

Enfin, mais c'est un peu la cerise sur le gâteau, si l'on vous fait des compliments et qu'on reconnaît vos capacités d'intelligence (savoir réfléchir) et d'action (savoir agir), cela apaisera votre stress.

Évitez ce qui renforce votre stress

En état de lutte, vous vous surévaluez. Vous n'avez pas besoin d'être consolé. Ce n'est pas le bon moment pour qu'on remette en question vos capacités d'intelligence et d'action, que l'on vous adresse des reproches, que l'on vous infantilise. Dites-le à la personne qui vous fait face.

En état de lutte, vous cherchez à dominer. Vous ne supportez pas les ordres ou injonctions du type « Calmez-vous ! Ne vous énervez pas ! Taisez-vous ». Vous êtes particulièrement sensible aux personnes qui mentent, menacent, nient ou sont injustes. Évitez de les côtoyer jusqu'à ce que le stress retombe.

En état de lutte, si vous devez dialoguer ou faire une mise au point avec quelqu'un, différez la confrontation, car vous risquez d'être agressif et blessant. Vos paroles vont très probablement dépasser vos pensées, et vous prenez le risque de faire des dégâts dans la relation à l'autre.

En état de lutte, vous êtes focalisé sur ce qui vous préoccupe, rien ne vous agace plus que les personnes imprécises, hésitantes, lentes ou désorganisées. Remettez à plus tard la confrontation.

Vous stressez et vous fonctionnez en mode « Inhibition »…

Mon stress	/10
Fuite (anxiété)	2
Lutte (énervement)	5
Inhibition (découragement)	9
Niveau d'effet du stress sur ma santé	7
Score Stress	**5,75**

Quand vous stressez sur ce mode, vous vous sentez inférieur : vous êtes découragé et n'avez plus aucun esprit d'initiative. Vous cherchez à vous fondre dans le paysage, à être protégé. C'est parfaitement normal : vous suivez le programme instinctif de l'état d'inhibition. Cette attitude représente un prisme qui, en déformant la réalité, nous prive d'une partie de nos ressources ou compétences.

L'instinct de l'inhibition et les vécus associés

Nous avons conservé, au fil de l'évolution, plusieurs mécanismes de défense destinés à assurer notre survie. L'inhibition en fait partie. Nous sommes dotés de ce programme instinctif, au même titre que les reptiles, les oiseaux, les autres mammifères, etc. Parmi ces trois classes du règne animal, choisissez une espèce que vous appréciez et mettez-vous, l'espace de quelques instants, à sa place.

Le sentiment d'infériorité

Vous êtes cet animal. Vous êtes confronté à un prédateur (ou à un rival). Il a le dessus et vous tient à sa merci. Vous sentez que la fin est proche. Dans la nature, une seule erreur suffit pour mourir. Vous venez de la commettre : vous êtes inférieur à votre adversaire. Votre survie ne tient plus qu'à son bon vouloir.

C'est pour cela que, quand vous êtes en état d'inhibition, vous ressentez un intense sentiment d'infériorité qui génère un vécu de découragement, d'abattement, pour ne pas dire de déprime qui sous-tend la dépression s'il dure longtemps. Vous êtes las. Vous avez une vision pessimiste des choses, vous pensez : « À quoi bon tout ça... » Cet état altère profondément votre esprit d'initiative, vous n'avez plus envie de rien et plus rien ne vous fait plaisir.

La soumission

Ne pouvant que reconnaître votre défaite, vous vous soumettez devant votre prédateur, selon le rituel de votre espèce. Grâce à ce rituel, il pourrait abandonner son attitude agressive. Au sein d'une même espèce, un adversaire plus fort se contente souvent de ce rituel de soumission, qui lui laisse la priorité pour assouvir ses désirs : consommation d'aliments, de relations sexuelles, expression de sa dominance, etc. Vous cessez d'être en rivalité avec lui : cela peut suffire à vous sauver la vie. L'adversaire indique qu'il accepte le rituel en adoptant un rituel d'allégeance qui prend la forme d'un comportement affectif (chien qui donne un coup de langue, chimpanzé qui monte sur le dos du soumis). Le soumis est désormais sous la protection de son adversaire.

C'est pour cela que, quand vous êtes en état d'inhibition, vous vous dévalorisez et vous soumettez spontanément à l'autorité : vous êtes d'accord ou faites ce que quelqu'un de plus dominant (ou de plus sûr de lui) exprime. C'est aussi pour cela que vous recherchez la protection, le soutien tout comme la reconnaissance affective du fait que vous n'êtes pas abandonné.

L'immobilité

Il vous reste encore une dernière carte à jouer : « faire le mort ». Vous vous immobilisez, devenant de ce fait « invisible » pour le prédateur, dont l'intérêt s'émousse face à votre corps inanimé et qui peut être tenté d'aller chercher ailleurs. S'immobiliser sert aussi à se fondre dans le paysage. Votre respiration s'étouffe pour être totalement silencieuse. Vous ne savez pas combien de temps vous devrez attendre et supporter cette tension jusqu'à ce que le prédateur parte. Votre cœur ralentit, s'économise. Vos vaisseaux sanguins se contractent pour économiser la chaleur et l'énergie : les extrémités des membres refroidissent, se cyanosent, le teint devient blême. La digestion, très consommatrice en énergie, se bloque.

C'est pour cela que, quand vous êtes en état d'inhibition, vous ressentez une intense sensation de fatigue. Vous avez envie de dormir et faites des siestes qui durent des heures mais ne vous requinquent pas. Vous avez peu d'énergie, un tonus bas, une voix peu audible. Vous pleurez facilement. Votre système digestif peut être capricieux. Sous la coupe de l'inhibition, vous avez tendance à « faire le mort », à ne pas réagir à une situation qui vous stresse (comme celle d'annoncer une mauvaise nouvelle, par exemple). Vous pouvez donner aux autres l'impression que vous fuyez vos responsabilités parce que vous n'agissez pas alors qu'ils estiment que la situation demande une réponse rapide et adéquate.

Appréciez l'inhibition pour ce qu'elle est

En état de stress d'inhibition, inutile de culpabiliser si l'on ressent du découragement ou de l'autodévalorisation. Ce n'est ni volontaire ni contrôlable : ne rien désirer, déprimer, c'est la façon animale de s'immobiliser ! Cela fait partie du programme de cet état, destiné à assurer notre survie lorsqu'on se sent à la merci des événements. L'accepter, chez soi et chez les autres, comme étant une réaction incontrôlable est une condition nécessaire pour le gérer.

Mises en situation

Comparez ces réactions instinctives d'inhibition face à des agents stresseurs aux réactions des deux autres modalités du stress.

1. Bloqué dans un embouteillage avant un rendez-vous important, vous vous sentez abattu et laissez tout tomber. Vous préférez annuler le rendez-vous plutôt qu'arriver en retard.

2. Après avoir planché toute la journée sur un dossier majeur pour votre principal client, votre directeur vous appelle à 19 heures. Vous êtes démoralisé, incapable de trouver l'énergie pour vous replonger dans ce travail.

3. Vous réceptionnez la commande que vous aviez passée sur le Web. Visiblement, ce n'est pas du tout conforme à ce qui était prévu. Vous vous dites : « Comment vais-je faire ? Je n'ai plus le temps de trouver une autre solution. » Vous vous affalez sur le fauteuil et y restez quelques minutes sans bouger.

4. Votre collègue s'attribue auprès de la direction, devant vous, le succès d'une belle opération à laquelle il n'a participé qu'à la marge. Vous abandonnez. Discuter avec lui vous épuise.

Recherchez ce qui tempère votre stress

Lorsque vous êtes en état de stress d'inhibition, même si vous avez le sentiment que « ça » n'en vaut pas la peine (ou que « vous » n'en valez pas la peine), vous avez tout intérêt à rechercher quelqu'un qui soit capable de vous consoler, de vous soutenir. Une personne empathique, à l'écoute, avec qui vous vous sentez en sécurité, protégé. Et qui sera en mesure de faire des compliments à la personne que vous êtes (sur votre savoir être, vos capacités relationnelles, etc.). Dans ce cadre, les compliments sur les capacités d'intelligence et d'action sont contre-productifs.

Il est important que vous repreniez l'initiative, même si cela vous semble au-dessus de vos forces. Essayez de trouver des projets à votre portée, que vous réaliserez pas à pas, ou demandez à vos proches de s'en charger et suivez leurs directives.

Évitez ce qui renforce votre stress

En état d'inhibition, vous vous dévaluez. Votre stress est renforcé par les personnes qui nient votre état, par des phrases comme : « Ce n'est pas si grave que ça » ou : « Mais non, regarde, tu as tout pour être heureux. »

En état d'inhibition, vous cherchez à être protégé. Protégez-vous des personnes qui jouent sur le lien relationnel ou affectif pour avoir ce qu'elles veulent, même si elles pensent ou prétendent que c'est pour votre bien. La menace de l'abandon, aussi léger soit-il (« puisque c'est comme ça, nous irons sans toi »), est vite insupportable.

En état d'inhibition, vous êtes abattu, découragé, fatigué. Inutile de vous secouer ou de vous bassiner avec des exhortations au courage et à la volonté (du type : « Allez, hop, arrête de te lamenter. Lève-toi, quand on veut, on peut »). Vous forcer à l'action autonome est le pire cadeau que l'on puisse vous faire.

Le stress somatique

Mon stress	/10
Fuite (anxiété)	2
Lutte (énervement)	5
Inhibition (découragement)	9
Niveau d'effet du stress sur ma santé	7
Score Stress	**5,75**

Surveillez spécifiquement votre score en stress somatique. Sa simple présence est déjà le signe d'un dysfonctionnement durable, qu'il est urgent d'identifier. Plus ce score est élevé (à partir de 4), plus cette urgence est prégnante et plus une intervention volontaire et rapide devient vraiment indispensable. Dans les chapitres suivants, vous verrez comment gérer votre stress somatique. En effet, ce stress n'est pas une nouvelle modalité en soi, mais bien l'expression « ultime » d'un stress chronique ou continu dans une des trois modalités. Au fil du temps, une certaine accoutumance peut altérer ou amoindrir les symptômes du stress, ce qui ne signifie pas qu'il est absent. Une incapacité à se concentrer, des insomnies et une anxiété légère mais persistante peuvent faire penser à la présence prolongée d'un stress de fuite. Une colère larvée, sourde, qui rend la personne constamment irritable et la pousse à râler à la moindre occasion est un indice de la présence du stress de lutte. Une déprime de longue durée accompagnée d'envie quotidienne de faire une sieste ou deux peut indiquer la présence de stress d'inhibition.

À côté des indices, il y a les symptômes physiques, bien concrets. En fonction de ces derniers, il est également possible de pointer l'une ou l'autre modalité de stress :

- les symptômes d'ordre musculaire font penser au stress en fuite s'il s'agit de raideurs et tensions musculaires aux membres ou de tremblements. Ils s'apparentent au stress de lutte en cas de douleurs à la nuque ou au dos… ;
- les symptômes d'ordre digestif sont reliés à l'inhibition (mal au ventre, estomac noué, troubles digestifs [acidité, brûlures] ou intestinaux [diarrhée, colites, constipations]) ;
- les symptômes d'ordre cardiaque sont liés au stress de fuite (tachycardie, arythmie, angine de poitrine) ;

- les symptômes d'ordre respiratoire font penser à l'inhibition (essoufflement, toux, asthme...) ;
- les symptômes d'ordre neurologique (maux de tête, migraines...) sont davantage reliés au stress en lutte ou en fuite.

Quand le stress change de visage

La bascule d'un des trois états de stress à un autre, fréquente et rapide, rappelle l'étroite parenté qui les lie. Cette bascule indique que le stress est toujours là : il tente simplement de changer de stratégie face à l'obstacle, avec ses moyens et ses critères de « décision » stéréotypés, donc souvent peu adaptés et peu contrôlables.

Ainsi, le trac de l'orateur (fuite) peut se transformer instantanément soit en agressivité (lutte), soit en découragement (inhibition) face à une question frontale et déstabilisante de l'auditoire. Ou l'inverse : il peut d'abord être abattu par la question (inhibition) puis sentir monter en lui un énervement qui le rend agressif (lutte).

Une personne en colère (lutte) peut, d'un coup, avoir envie d'air (fuite), de prendre la porte puis, au bout de quelques pas, se sentir profondément nulle (inhibition) et se reprocher sa réaction de colère. À moins que sa colère tombe d'un coup, comme si elle se disait : « À quoi bon lutter » (inhibition) puis qu'elle décide, sur un coup de tête, d'aller faire un tour (fuite).

Une personne qui apprend une mauvaise nouvelle peut se sentir abattue (inhibition), puis se mettre en colère contre ce nouveau coup du sort (lutte) et, enfin, se sentir embrouillée, perdue, ne sachant plus quoi faire (fuite). À moins qu'elle ne vive un moment d'angoisse et d'insécurité (fuite) avant de s'énerver et de donner un coup de pied dans un meuble (lutte).

Les conseils du coach

Estimez votre stressabilité

La stressabilité, face à une situation donnée, c'est la tendance à réagir par du stress lorsqu'on est confronté à cette situation. Pour savoir si vous serez stressé sur un sujet, il suffit de savoir si vous êtes stressable sur ce dernier. Pour y parvenir, évoquez-le ou imaginez-le le plus précisément possible (ce qui fait appel à votre mémoire, où vous puiserez les détails de cette évocation). Si vous ressentez l'un des symptômes décrits ci-dessus (brièvement, de manière peu intense), alors vous risquez fortement de ressentir du stress dans la situation.

Identifiez et acceptez l'état de stress

La première étape de la gestion du stress consiste à prendre conscience du fait qu'on est stressé.

Au début, analysez à froid, lorsqu'elles sont terminées, les situations durant lesquelles vous avez ressenti du stress. Évoquez-les et analysez-les en focalisant votre attention non sur la situation, mais sur votre ressenti, vos réactions, vos pensées. Recherchez les symptômes décrits sur les pages précédentes.

Par la suite, tentez d'identifier ces symptômes à chaud, lorsque vous êtes dans la situation. Apprenez à reconnaître votre comportement lorsque vous êtes sous stress. Et apprenez à l'accepter (et à l'exprimer à un éventuel interlocuteur, si le contexte s'y prête).

Enfin, lorsque vous serez rodé, il sera possible de reconnaître votre stress à chaud, puis de modifier votre état de stress (voir à ce sujet les parties 2, 3 et 4 de votre profil).

En résumé

Le stress est un mécanisme puissant et rapide.

Il s'exprime selon trois modalités : la fuite, la lutte et l'inhibition.

Les impulsions instinctives du stress sont, par nature, peu contrôlables. Elles sont génétiquement programmées : les comportements de stress sont donc stéréotypés et communs à toutes les espèces dotées de ce mécanisme primitif de survie.

Ces comportements stéréotypés sont assez faciles à déceler. Chez vous comme chez les autres. Atténuer le stress d'autrui revient à faire ce que vous souhaiteriez que l'on fasse pour vous quand vous êtes stressé (en fonction des modalités, référez-vous aux paragraphes « Recherchez ce qui tempère votre stress »).

Si l'on peut agir sur les symptômes du stress (relaxation, dépense physique...), il est préférable d'agir sur ses causes pour le prévenir et l'atténuer. Voir à ce sujet les quadrants suivants.

3
Le stress, une question d'état d'esprit

L'expression du stress

Mon PROFIL face au stress

Votre nom

Mon stress	/10
Fuite (anxiété)	2
Lutte (énervement)	5
Inhibition (découragement)	9
Niveau d'effet du stress sur ma santé	7
Score Stress	**5,75**

Mon état d'esprit	Habituel	Face à une difficulté	Moyenne
Curiosité	6	2	4
Acceptation de la réalité	5	5	5
Nuance dans les représentations	7	3	5
Relativité	9	1	5
Réflexion logique	3	7	5
Opinion personnelle	8	2	5
Score moyen	**6,3**	**3,3**	**4,9**

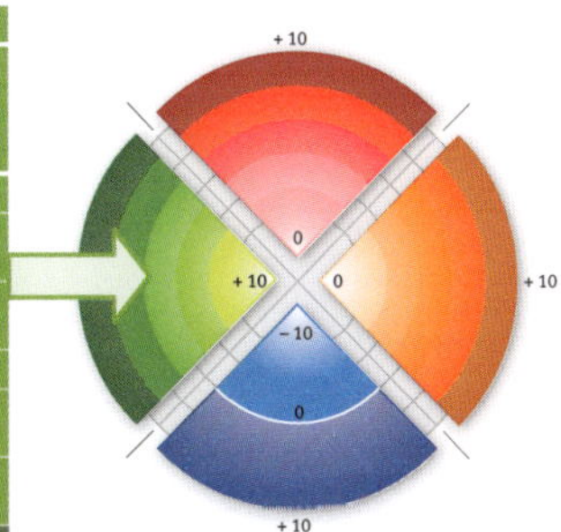

Mes situations « gâchettes »	
Irresponsabilité	2
Prétention	10
Échec	8
Gaspillage	4
Naïveté	6
Rigidité	2
Inefficacité	5
Banalité	1
Agir sans réfléchir	2
Agir sans tact	8
Score	**4,8**

Ma façon de gérer mes ambitions	Niveau d'exigence	Niveau de moyens	Écart
Professionnel	8	5	3
Personnel	3	6	– 3
Score moyen	**5,5**	**5,5**	**0**

EYROLLES

Un questionnaire IME/INC

Les deux modes mentaux

Cinq mille fois par jour, notre cerveau prend une décision, un terme qui, selon le dictionnaire, désigne ce qui « arrête et détermine ce qu'il faut faire » et ne se limite pas aux grandes décisions mûrement réfléchies, mais s'élargit à ces multiples petits choix internes qui entraînent une action, un comportement, une attitude.

Le mode automatique : rapidité, certitude, contrôle

La plupart de ces décisions (environ 90 %) sont inconscientes, automatiques. Pas besoin de réfléchir pour aller chercher les enfants à l'école par le chemin habituel, pour se shampooiner les cheveux, pour ouvrir sa messagerie électronique, pour suivre une check-list ou contrôler les présences... Pour des actions habituelles, connues, routinières, vous faites confiance à votre « pilote automatique ». Il intervient également dans des tâches plus difficiles pour lesquelles vous avez acquis une certaine maîtrise : parler anglais si l'on est bilingue ou résoudre des équations à deux inconnues si l'on a brillamment réussi l'école d'ingénieur sont des décisions automatiques.

Dans ce contexte, pour décider et agir rapidement, avec l'assurance que procure l'expérience, votre cerveau fonctionne en mode automatique. Ce mode s'appuie notamment sur les territoires néolimbiques du cerveau qui forment le siège de nos apprentissages en mémorisant, dans les situations, les stratégies qui ont été récompensées (et que vous cherchez à reproduire) et celles qui ont été punies (et que vous évitez de reproduire). Tout ce que nous avons appris au cours de notre existence, tout ce que nous avons vécu y est mémorisé, stocké comme dans le disque dur d'un ordinateur. Nos croyances, nos émotions, nos habitudes et conditionnements forment ainsi une grille d'évaluation personnelle des situations que nous vivons et de la manière de les gérer.

Nettement plus réactifs que les territoires préfrontaux, c'est aux territoires néolimbiques qu'échoit le rôle de distributeur des tâches. Ce sont donc eux qui activent les mécanismes de sollicitation du mode adaptatif après avoir évalué s'ils pouvaient se débrouiller seuls ou s'ils devaient faire appel à ce « consultant externe ». Cette évaluation peut donc être influencée par les émotions, des conditionnements culturels, les expériences antérieures ou les croyances personnelles… Notre perception subjective de l'événement peut donc faciliter ou, au contraire, empêcher ce processus de bascule entre les modes mentaux.

Le mode automatique a les défauts de ses qualités. Il est, par nature, rigide et peu propice au changement. S'il perçoit une insécurité, il conserve le contrôle des actions, ce qui se traduit concrètement par une absence d'envie de solliciter le mode adaptatif. Si vous êtes fatigué, par exemple, vous aurez tendance à utiliser votre pilote automatique dans toutes les situations… et votre mode adaptatif aura tendance à déclencher davantage de stress que d'habitude !

Parfait pour gérer les situations simples et connues, le mode automatique ne cède pas toujours la main au mode adaptatif, même si la situation le demande. Il est donc générateur de stress, ce que confirment de nombreuses études de psychologie cognitive.

Le mode adaptatif : fluidité, innovation

Le mode adaptatif agit en quelque sorte en qualité de « consultant » de seconde ligne. Mobilisé lorsque nous percevons un événement comme inconnu et/ou complexe, le mode adaptatif cherche à formuler des réponses innovantes aux situations. C'est le cas lorsque vous vous retrouvez pour la première fois dans un lieu inconnu, que vous êtes confronté au nouveau système de fermeture d'un flacon de produit d'entretien, que vous devez faire trois choses en même temps ou qu'on vous soumet un problème complexe à résoudre. Votre cerveau donne alors la main au mode adaptatif, qui dépend d'une autre zone cérébrale : les territoires préfrontaux, particulièrement développés chez l'être humain et siège de notre « intelligence supérieure ». Spécialiste du changement et de la complexité, le mode adaptatif fonde son action sur la curiosité pour l'inconnu, la prise de recul, les relations de cause à effet et l'opinion personnelle. Un travail qui emmène la personne au-delà de ses représentations mentales habituelles et l'invite à prendre conscience de la complexité de la réalité.

Point de rencontre entre le cœur et la raison, les territoires préfrontaux forment le cœur de notre raison et sous-tendent les fonctions les plus avancées de notre intelligence, comme l'intuition et la créativité. Dotés du cinquième de la masse cérébrale, ils forment la seule zone cérébrale reliée en direct à la plupart des autres parties du cerveau. Ce qui permet au mode adaptatif de remplir sa fonction de consultant et lui donne accès à la logique, à la nuance... et au contenu du « disque dur » du mode automatique (dommage que l'on n'ait pas installé un modem pour qu'ils puissent mieux communiquer).

Moins rapide que le mode automatique, le mode adaptatif est dédié à un rôle actif par intermittence. Incontournable pour augmenter l'efficacité, la créativité et l'adaptation, il tend à faire baisser le stress, à la fois parce qu'il permet une meilleure adaptation aux événements, mais aussi parce qu'il facilite la prise de recul.

La clé du mécanisme

Le cerveau contient plusieurs centres de décision. Conservés au fil de l'évolution, ils ne sont toutefois pas complètement intégrés et fonctionnent de manière hétérogène. Les territoires reptiliens, très archaïques, sont partagés par de nombreuses espèces et s'expriment uniquement par le stress. Les territoires néolimbiques, issus d'un stade évolutif postérieur, sont communs aux mammifères. Les territoires préfrontaux sont particulièrement développés chez l'être humain. À l'instar des nouveaux PC dont les modes de communication n'ont plus rien à voir avec les PC âgés de 20 ans, ces systèmes n'ont pas de langage commun. Leurs connexions ne sont pas toujours fluides. Les territoires préfrontaux, par exemple, n'ont pas la possibilité de prendre spontanément le pouvoir sur les territoires néolimbiques. Ils ne peuvent donc reprendre la main au mode automatique en cas d'erreur d'aiguillage. Par contre, ils sont directement connectés aux territoires reptiliens... Et ces territoires sont eux-mêmes directement connectés aux territoires néolimbiques. Ils interviennent d'ailleurs dans la mémorisation émotionnelle (une situation associée à un stress est plus ancrée dans la bibliothèque du mode automatique que la même situation vécue sans stress). La stratégie des territoires préfrontaux, pour nous avertir de la présence d'une incohérence, consiste donc à envoyer un signal de danger aux territoires reptiliens, qui l'expriment sous forme de stress. Ce stress alerte les territoires néolimbiques, qui prennent conscience que « quelque chose » cloche. Ce qui les incite à céder la main aux territoires préfrontaux... sans toutefois les y contraindre.

Distribution des tâches et gestion du stress

Face à une situation, votre cerveau aiguille donc la décision vers le mode automatique ou le mode adaptatif en tenant compte de deux paramètres principaux : votre expérience (ai-je déjà rencontré cette situation ou une situation très similaire par le passé ?) et votre perception (cette situation est-elle simple ou complexe à gérer ?). S'il l'estime simple ou connue, il délègue la décision au mode automatique. Sinon, il la transmet au mode adaptatif. Ces deux modes sont donc complémentaires et, ensemble, peuvent faire face à toutes les situations rencontrées. Vous l'aurez compris, l'enjeu de la gestion du stress consiste à basculer du mode automatique vers le mode adaptatif. Votre cerveau vous dit explicitement que vous devriez utiliser le mode adaptatif au lieu de faire confiance à votre pilote automatique ou, si vous préférez, que votre intelligence est en désaccord avec vous conditionnements. Ce travail a pour effet de réduire, voire de supprimer, le stress : lorsque vous parvenez à mobiliser pleinement les territoires préfrontaux de votre cerveau, vous arrêtez instantanément la souffrance générée par le stress. Chaque humain est équipé pour s'adapter au monde complexe qu'est le nôtre, pour élargir sa pensée et sortir du cadre habituel. Il suffit de s'exercer à basculer du mode automatique vers le mode adaptatif. C'est l'objet d'une batterie d'exercices ANC dont certains vous sont proposés dans les pages suivantes.

Quelques conseils de base ne sont pas superflus.

Soyez attentif

Vous savez reconnaître votre stress lorsqu'il s'exprime dans sa modalité favorite ? L'enjeu, alors, consiste à percevoir sur quel mode mental vous fonctionnez à cet instant, puis à zapper rapidement et efficacement si nécessaire.

Quelques indices peuvent vous aider :

- des commentaires internes tels que : « Je suis comme je suis, on ne me changera pas » ou « Réfléchir ne sert qu'à perdre du temps » ou encore « J'ai toujours fait comme ça, et je n'ai jamais eu de problème » sont le signe que vous êtes en mode automatique... et que vous comptez y rester ;

- des commentaires internes tels que : « Je manque de recul » ou « Il y a quelque chose qui m'échappe, je dois prendre le temps de la réflexion » ou encore « Mais qu'est-ce qui a créé cette situation ? » sont le signe que, même si vous êtes en mode automatique, vous vous apprêtez à basculer en mode adaptatif.

Changez de point de vue

Pour rendre volontaire le changement de mode mental, il est souhaitable de modifier votre regard sur l'événement et, de manière plus générale, sur les choses, les autres et, surtout, sur vous-même.

Restez motivé !

Sortir de l'état de stress est plus subtil qu'il n'y paraît à la lumière des paragraphes précédents : il nécessite de court-circuiter le mode automatique. C'est un travail qui nécessite méthode et expérience avant d'y parvenir systématiquement sur soi-même. Donc : persévérez !

Comment lire votre graphe ?

Votre score global sur ce quadrant indique votre niveau de stress **inversé**, c'est-à-dire votre propension à utiliser le mode adaptatif lorsque vous êtes confronté à une situation difficile.

Votre score global est entre 0 et 2 : vous avez tendance à vous sentir stressé, plutôt incapable de gérer votre émotion/impulsion.

Votre score global est entre 3 et 4 : vous avez tendance à vous sentir assez stressé, et gérer votre émotion/impulsion s'avère difficile.

Votre score global est entre 5 et 6 : vous sentez que votre émotion et/ou votre impulsion, même intenses, deviennent gérables par votre volonté. Ces cases médianes sont le « lieu » de la bascule des comportements en faveur de l'un ou l'autre mode mental. Partant de là, il est assez facile de passer en mode adaptatif.

Votre score global est entre 7 et 8 : vous vous sentez assez serein, plutôt apte à gérer votre émotion/impulsion.

Votre score global est entre 9 et 10 : vous vous sentez très serein, totalement apte à gérer votre émotion/impulsion.

Mon état d'esprit			
	Habituel	Face à une difficulté	Moyenne
Curiosité	6	2	4
Acceptation de la réalité	5	5	5
Nuance dans les représentations	7	3	5
Relativité	9	1	5
Réflexion logique	3	7	5
Opinion personnelle	8	2	5
Score moyen	**6,3**	**3,3**	**4,9**

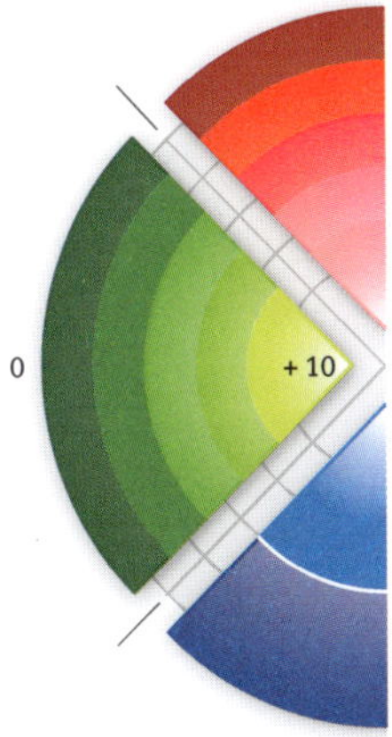

Votre score détaillé en situation habituelle

La colonne « Habituel » du tableau indique votre tendance spontanée à adopter les attitudes propices au recrutement du monde adaptatif préfrontal, dans les six dimensions du processus de traitement de l'information (voir ci-dessous).

- Repérez vos notes les plus faibles : elles représentent les attitudes qui sont, pour vous, les moins spontanément adoptées dans les situations habituelles de votre vie quotidienne. Travaillez-les en priorité, car elles sont la source de votre stressabilité.
- Repérez vos notes les plus fortes : elles représentent les attitudes propices au recrutement du mode adaptatif préfrontal que vous adoptez plus spontanément dans votre vie de tous les jours. Accordez-leur une place privilégiée et cultivez-les, car elles sont pour vous des voies d'accès à votre intelligence adaptative.

Votre score détaillé en situation difficile

La colonne « Face à une difficulté » du tableau détaille les diverses étapes (ou « dimensions ») du processus de décision de chacun des deux modes, sur la base du processus classique des systèmes d'information (voir ci-dessous).

- Repérez vos notes les plus faibles : elles représentent les dimensions qui sont, pour vous, sources de stress dans les situations difficiles. Travaillez-les en priorité, car ce sont elles qui entraînent préférentiellement un vécu de stress lorsque vous êtes mis en difficulté.
- Repérez vos notes les plus fortes : elles représentent les dimensions qui, pour vous, sont source de sérénité en situation difficile. Accordez-leur une attention toute particulière. C'est grâce à elles que vous pourrez le plus facilement faire tomber votre stress lorsque vous êtes mis en difficulté.

L'écart entre situation habituelle et situation difficile

La colonne « Écart » du tableau calcule la différence entre votre réponse « Face à une difficulté » et votre réponse « Habituel ».

Si la différence est négative, vous avez tendance, sur cette dimension, à perdre une partie de vos facultés d'adaptation dans une situation difficile, et c'est ce manque d'adaptation qui provoque du stress :

- si le score « Habituel » est élevé (≥ 7) et le score « Face à une difficulté » faible (≤ 4), la mauvaise nouvelle est que vous perdrez une grande capacité de réaction. Bonne nouvelle : vous utilisez cette dimension dans votre vie quotidienne. Apprenez à les transférer lorsque vous êtes mis en difficulté ;
- si le score « Habituel » est faible (≤ 4) et le score « Face à une difficulté » faible (≤ 4), cette dimension doit être traitée en priorité, car elle représente une sérieuse perte de moyens, en général.

Si la différence est positive, cela signifie que vous avez intuitivement compris que, face à une difficulté, adopter cette attitude vous permet de mieux la gérer avec moins de stress :

- si le score « Habituel » est faible (≤ 4) et le score « Face à une difficulté » élevé (≥ 7), la bonne nouvelle est que vous gagnez une grande capacité de réaction. Mauvaise nouvelle : vous utilisez peu cette dimension dans votre vie quotidienne, alors que vous la maîtrisez ;

- si le score « Habituel » est moyen (≥ 5) et le score « Face à une difficulté » élevé (≥ 7), cette dimension est une valeur refuge, que vous maîtrisez et que vous pouvez utiliser à tout moment pour diminuer votre sensation de stress.

Si la différence est nulle, c'est le signe que cette dimension n'est pas sensible à votre environnement. Référez-vous aux scores des colonnes « Habituel » et « Face à une difficulté » pour la traiter (avec un coefficient de priorité) ou non.

Les six dimensions de la prise de décision

Henri Laborit, biologiste et philosophe du comportement, disait : « Le système nerveux est fait pour agir. » Pour agir, le mode mental aux commandes a besoin de capter l'information, puis de la traiter et, enfin, de prendre une décision avant de la traduire en action. Il suit un processus classique, dans les systèmes d'information, que l'on peut subdiviser en trois étapes.

L'input, ou captation d'informations, qui se réalise en deux temps :

1. primo, la collecte d'informations ;
2. secundo, la sélection des informations pertinentes pour préparer l'étape suivante.

Le traitement de l'information, dont la mission consiste à adapter nos représentations mentales à la situation. Un processus en deux temps :

3. primo, l'application d'une grille d'interprétation à l'événement afin de l'appréhender au mieux ;
4. secundo, son exposition à un système comparateur de manière à préparer une réponse adaptée.

L'output, ou sortie de l'information, qui donne une forme déterminée à l'information afin de la rendre publique. Ici encore, l'étape se réalise en deux temps :

5. primo, la structuration logique de l'information, qui lui donne un sens et une forme propres et spécifiques ;
6. secundo, son expression, en tenant compte du fait qu'elle s'inscrit dans un univers déjà existant.

La dimension « collecte d'information » – Routine/Curiosité

Mon état d'esprit			
	Habituel	Face à une difficulté	Moyenne
Curiosité	6	2	4
Acceptation de la réalité	5	5	5
Nuance dans les représentations	7	3	5
Relativité	9	1	5
Réflexion logique	3	7	5
Opinion personnelle	8	2	5
Score moyen	**6,3**	**3,3**	**4,9**

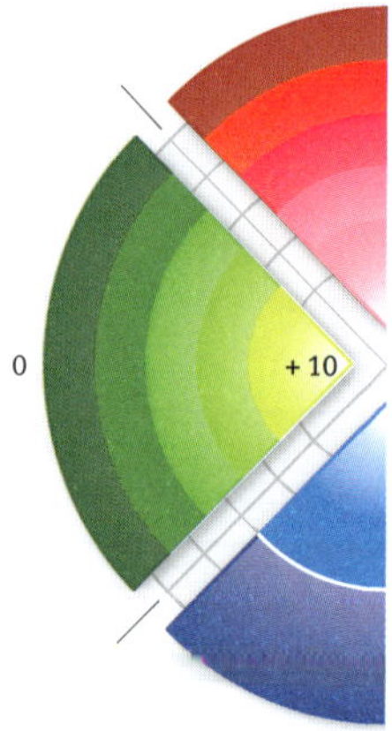

Votre vécu

Vous ressentez du stress dans cette dimension parce que vous vous êtes fait, en quelques secondes, une opinion sur la situation que vous vivez, la personne qui vous fait face, un nouveau sujet de conversation... Sur la base de vos expériences passées, vous l'avez instantanément catalogué. Pure routine. Inconsciemment, vous avez tendance à rester dans ce que vous connaissez, la nouveauté n'étant pas la bienvenue. Vous n'éprouvez pas trop l'envie que l'on bouscule vos habitudes. Peut-être même êtes-vous anxieux à l'idée d'explorer, un peu concrètement, « autre chose ».

Ce qu'on en dit

Peut-être avez-vous déjà eu l'occasion d'entendre à votre égard l'un des feedbacks classiques de cette dimension, comme : « Il est casanier » ; « Elle est terne, sans vision, sans projet, sans idéal » ; « Il faudrait un treuil pour le sortir de ses habitudes » ; « De quoi as-tu peur, on ne va pas te manger ! » ; « Qu'est-ce que tu peux être ennuyeux ! »

Le fonctionnement du mode automatique

Votre mode automatique, aimant le confort de l'habitude et cherchant même à assimiler toute situation à une situation connue, se contente de peu d'information pour passer à l'étape suivante d'interprétation, pour faire entrer la situation dans des cases en lien avec votre expérience, vos compétences et l'aspect émotionnel de la situation. C'est sa dimension de routine.

Que développer ?

Il serait utile que vous développiez votre esprit de découverte... Qui a dit que la curiosité était un vilain défaut ? Eh bien, il avait tort... L'idée n'est pas d'être indiscret, mais bien de vous ouvrir, d'explorer activement ce que vos sens vous permettent de percevoir de la situation, de manière à aller vers les choses, les gens, le monde et récolter de l'information supplémentaire, d'activer la dimension de curiosité de votre mode adaptatif.

Comment réduire le stress associé à la dimension « routine » ?

Glissez-vous à l'esprit des phrases telles que : « Pour savoir, il faut essayer » ; « Allez, jette-toi à l'eau » ; « On verra sur place/au moment même » ; « Je ne veux pas mourir idiot » ; « Rien de tel qu'un peu d'humour pour vaincre l'appréhension »...

En pratiquant un exercice de curiosité sensorielle

Saturez progressivement votre mode mental automatique d'informations sensorielles auditives, tactiles et kinesthésiques. Le mode automatique ne pouvant gérer qu'une « action » à la fois, la saturation sensorielle le contraint à céder la main au mode adaptatif.

Ingrédients : une pièce où vous êtes seul, une chaise. Vous pouvez faire l'exercice à plusieurs.

Durée : 10 minutes.

Minute 1 : asseyez-vous et fermez les yeux. Concentrez-vous sur un des sons que vous entendez dans votre environnement.

Minutes 2 à 4 : tout en gardant en conscience l'écoute de ce son, intégrez-en un deuxième, puis un troisième que vous conservez simultanément à l'esprit. Ces différentes perceptions sensorielles forment une symphonie dont vous entendez la musique globale en même temps que chaque instrument. Si vous sentez que votre esprit zappe d'un son à l'autre, revenez sur le premier son, concentrez-vous sur lui, puis recommencez à intégrer un deuxième son, puis un troisième, toujours simultanément.

Minutes 4 à 5 : tout en continuant à écouter cette symphonie, ressentez le frottement de vos vêtements sur votre peau.

Minutes 5 à 7 : levez-vous. Simultanément à l'ensemble de vos perceptions auditives et du contact de vos vêtements, sentez le contact de vos pieds avec le sol.

Minutes 7 à 9 : tout en continuant à écouter les bruits, à ressentir le contact de vos vêtements sur votre peau et celui de vos pieds sur le sol, déplacez votre poids lentement sur une jambe, puis sur l'autre, en vous concentrant sur les sensations que ce balancement vous procure.

Minute 10 : enfin, ouvrez lentement les yeux, en tentant de conserver la conscience des différentes perceptions sensorielles que vous avez à l'esprit.

Faites le point sur votre ressenti : vous sentez-vous plus calme et serein ?

La dimension « sélection de l'information » – Rigidité/Acceptation

Mon état d'esprit			
	Habituel	Face à une difficulté	Moyenne
Curiosité	6	2	4
Acceptation de la réalité	5	5	5
Nuance dans les représentations	7	3	5
Relativité	9	1	5
Réflexion logique	3	7	5
Opinion personnelle	8	2	5
Score moyen	**6,3**	**3,3**	**4,9**

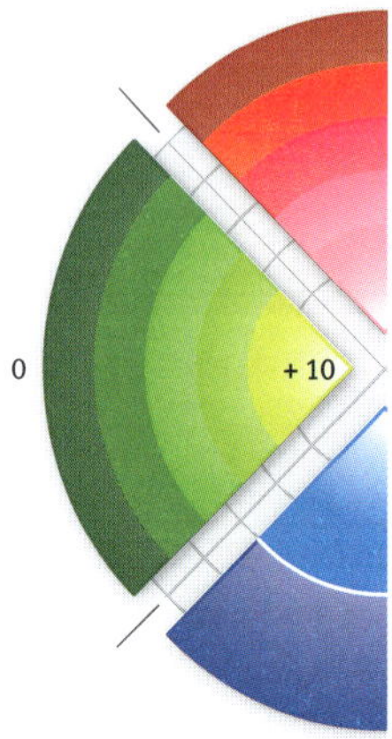

Votre vécu

Vous êtes stressable dans cette dimension parce que vous vous obstinez en refusant, sans en avoir conscience, de voir ou d'accepter une information ou un fait qui vous dérange et qui devrait vous amener à revoir votre position. Vous prenez vraisemblablement pour de la détermination votre capacité à poursuivre votre action sans vous laisser déstabiliser par l'imprévu et les obstacles. En réalité, vous craignez surtout d'être dérangé dans vos croyances, dans ce qui vous semble adéquat. Au fond de vous-même, peut-être inconsciemment, vous sentez que vous résistez au changement, même s'il est inéluctable.

Ce qu'on en dit

Peut-être avez-vous déjà eu l'occasion d'entendre à votre égard l'un des feedbacks classiques de cette dimension, comme : « Il est borné, buté » ; « Elle est psychorigide » ; « Il n'y a que les imbéciles qui ne changent pas d'avis » ; « Qu'est-ce que tu peux être conservateur/vieux jeu/ringard » ; « La résistance au changement n'a jamais rien rapporté dans ce monde. »

Le fonctionnement du mode automatique

Votre mode automatique adapte la situation à votre bibliothèque de solutions existantes, quitte à refuser ou à ne pas voir les informations qui l'en empêcheraient (au point de faire parfois rentrer « au forceps » la situation dans une catégorie connue). C'est sa dimension de rigidité.

Que développer ?

Il serait utile que vous acceptiez de vous ouvrir, physiquement et mentalement, à l'imprévu, à ce qui ne se passe pas comme vous le voudriez. Que vous acceptiez la réalité, toute la réalité, y compris la survenue d'événements qui vous dérangent. Que vous soyez réceptif aux informations brutes (ni traitées, ni distordues, ni interprétées) que les choses, les gens, le monde vous apportent. Puis que vous exploriez ce que vous ressentez.

Comment réduire le stress associé à la dimension « rigidité » ?

Glissez-vous à l'esprit des phrases telles que : « Regardons les choses en face » ; « Faire l'autruche ne sert à rien » ; « Pourquoi nier l'évidence ? » ; « C'est l'occasion de rebondir » ; « Chouette, une surprise ! » ; « S'obstiner ne m'apportera aucune solution nouvelle » ; « Comme l'algue au sommet de la vague, je me laisse porter par ce que la vie m'apporte ».

En pratiquant un exercice d'acceptation

Faites « zapper » votre mode automatique en imaginant des pensées alternatives.

Ingrédients : aucun.

Durée : 5 minutes.

Choisissez et décrivez le plus objectivement possible une situation perçue comme négative et stressante.

Imaginez des pensées alternatives. Posez-vous, si nécessaire, des questions telles que :

- Que puis-je penser d'autre ?
- Si je me mettais à la place d'un autre/de l'autre ?
- Dans cette situation, que puis-je changer ?
- Qu'est-ce qui n'est pas sous mon contrôle ?
- Si quelqu'un d'autre était dans cette situation, que lui dirais-je ?

Faites le point sur votre ressenti : l'évocation de la situation de départ vous stresse-t-elle ? Êtes-vous plus calme ?

La dimension « application d'une grille d'interprétation » – Simplification/Nuance

Mon état d'esprit			
	Habituel	Face à une difficulté	Moyenne
Curiosité	6	2	4
Acceptation de la réalité	5	5	5
Nuance dans les représentations	7	3	5
Relativité	9	1	5
Réflexion logique	3	7	5
Opinion personnelle	8	2	5
Score moyen	**6,3**	**3,3**	**4,9**

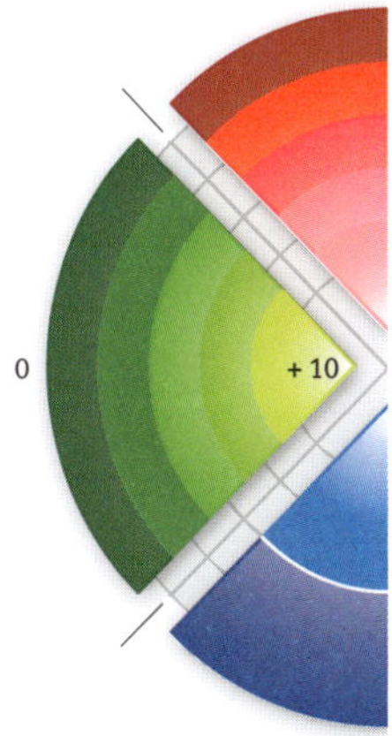

Votre vécu

Vous ressentez du stress dans cette dimension parce que vous manquez de nuance dans votre appréciation d'une situation plus complexe que vous ne le pensez (ou que vous l'exprimez). Soit vous généralisez, soit vous êtes un peu trop tranché, catégorique, simpliste. Vous avez alors tendance à couper le monde en deux : il y a ce qui est bien et ce qui est mal, ce qui se fait et ce qui ne se fait pas... sans intermédiaire.

Ce qu'on en dit

Peut-être avez-vous déjà eu l'occasion d'entendre à votre égard l'un des feedbacks classiques de cette dimension, comme : « Il est cassant, tranché, carré » ; « Tu es vraiment un extrémiste » ; « Elle manque vraiment de tact » ; « Quelle intolérance ! » ; « Pour toi, il n'y a que deux possibilités : soit c'est super, soit c'est nul ! »

Le fonctionnement du mode automatique

Pour trouver rapidement la solution adéquate, votre mode automatique cherche quelques points de repère existants et fiables dans sa bibliothèque, sans s'encombrer de détails. Il utilise une grille de lecture simpliste, dichotomique et peu nuancée, de type : bien/mal, honnête/malhonnête, blanc/noir. C'est sa dimension de simplification.

Que développer ?

Il serait utile que vous développiez une vision intégrant les intermédiaires. Que vous cherchiez le positif à côté du négatif, les avantages cachés sous les inconvénients. Que vous vous rappeliez que, sous l'apparence, il y a la réalité, et que vous ajoutiez des modulations et des variables à votre perception des choses.

Comment réduire le stress associé à la dimension « simplification » ?

Glissez-vous à l'esprit des phrases telles que : « Les apparences sont trompeuses » ; « La critique est aisée » ; « Changeons de point de vue » ; « Ne juge pas sans savoir » ; « Je vais me mettre à sa place » ; « On est tous l'idiot de quelqu'un. »

En pratiquant un exercice de nuance

Multipliez les points de vue. Exprimez un point de vue rapide, même stéréotypé, caricatural ou farfelu, pour chaque personnage ou catégorie de personnages repris ci-dessous. Demandez-vous ce que dirait chaque personnage s'il était à votre place, dans la même situation.

Ingrédients : une liste de 20 personnages.

Durée : 5 minutes.

Choisissez et décrivez une situation stressante pour vous.

Demandez-vous ce qu'en penserait...

le fleuriste	le journaliste de mode	le député
la star du X	le policier	l'enfant sage
la religieuse	l'instituteur	le médecin
l'avocate	le général	le bidasse
le gagnant du loto	le poète	l'Européen vivant en Asie

l'agricultrice	la sœur de l'agricultrice	son chien
le matheux	l'immigré clandestin	le mafieux
le clochard	l'hypocrite	l'astronome
la jeune fille amoureuse	le jeune homme amoureux	une star du rock
un Martien de passage	un homme du néolithique	Jules César
Pablo Picasso	François Mitterrand	votre compagne(on)

Faites le point sur votre ressenti : l'évocation de la situation de départ vous stresse-t-elle ? Êtes-vous plus calme et serein ?

La dimension « comparaison de l'information » – Certitude/Relativité

Mon état d'esprit			
	Habituel	Face à une difficulté	Moyenne
Curiosité	6	2	4
Acceptation de la réalité	5	5	5
Nuance dans les représentations	7	3	5
Relativité	9	1	5
Réflexion logique	3	7	5
Opinion personnelle	8	2	5
Score moyen	**6,3**	**3,3**	**4,9**

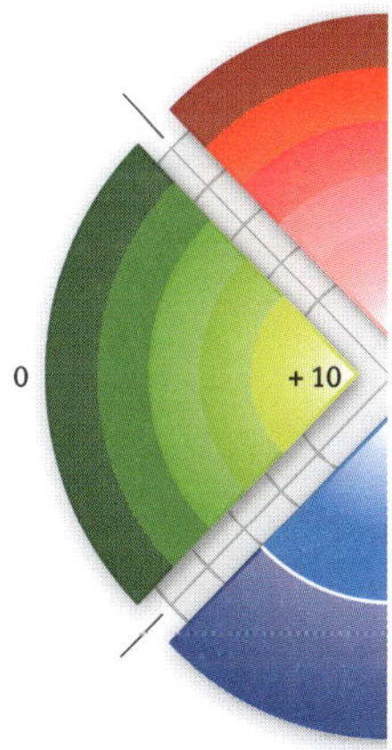

Votre vécu

Vous ressentez du stress dans cette dimension parce que vous avez le sentiment que votre vision des choses est la seule possible. Votre opinion est bien enracinée et vous n'avez pas peur de la soutenir haut et fort, vous avez l'impression d'avoir « tout compris », que vos sens ont tout « capté », que votre point de vue est le seul valable. En fait, vous commettez une erreur de jugement en confondant la réalité avec votre représentation, ce qui vous rend intolérant et peut entraîner des erreurs graves d'appréciation.

Ce qu'on en dit

Peut-être avez-vous déjà eu l'occasion d'entendre l'un des feed-backs classiques de cette dimension, comme : « Il manque complètement de recul » ; « Elle prend tout au premier degré » ; « Tu ramènes toujours tout à toi, tu ne te mettrais pas à la place de ..., pour changer ? » ; « Elle se noie dans les détails et est incapable de se fixer un objectif. »

Le fonctionnement du mode automatique

Votre mode automatique est sûr de sa perception. Il est donc sûr de détenir la vérité. C'est sa dimension de certitude, qui explique pourquoi, parfois, vous êtes incroyablement sûr de vous et de votre opinion... et que vous n'êtes pas prêt à la remettre en question, c'est pour cette raison que vous êtes stressé.

Que développer ?

Il serait utile que vous preniez du recul pour vous rappeler que votre point de vue n'est qu'un point de vue parmi d'autres, que ce que vous pensez être LA vérité n'est que VOTRE vérité. Et que ces deux remarques valent également pour votre interlocuteur. Développez votre conscience que chacun porte son propre regard sur les choses, que toutes les visions, y compris la vôtre, sont relatives et limitées par rapport au réel infini, que la perception spontanée de ce que vous voyez n'est pas la réalité entière.

Comment réduire le stress associé à la dimension « certitude » ?

Glissez-vous à l'esprit des phrases telles que : « Tout est relatif » ; « Réserve ta réponse, la nuit porte conseil » ; « Ce ne sont pas tant les choses qui nous font souffrir que l'idée que nous en avons » ; « Ne te prends pas la tête, est-ce si grave ? » ; « Je sais que je ne sais rien »...

En pratiquant un exercice de relativité

Le mode automatique se contente de reproduire du connu, du tangible, de l'expérimenté. Il est déstabilisé par ce qui est décalé, biscornu, extravagant. C'est trop complexe pour lui, et il cède rapidement la main au mode adaptatif, siège de la créativité, qui est habile à créer du farfelu. Lorsque ce dernier a la main, il est en position pour générer ensuite un raisonnement adéquat et plus approprié à la situation.

Ingrédients : une feuille de papier, de quoi écrire.

Durée : 5 minutes.

Projetez-vous dans une situation où vous pourriez connaître un échec ; par exemple :

- demander une augmentation à votre patron ;
- passer un examen.

Sur la feuille de papier, écrivez au moins sept avantages farfelus ou « décalés » si vous vous trouvez en échec dans cette situation (votre demande est rejetée, vous ratez votre examen) ; par exemple :

- ça me fera le plaisir de voir si mon patron a enfin changé de cravate...
- à leur place, je me serais aussi attribué une note basse : je représente une menace pour leur place, il fallait bien qu'ils me fusillent.

Ensuite, écrivez au moins sept inconvénients farfelus ou « décalés » si vous rencontrez un succès dans cette situation (votre demande est acceptée, vous réussissez votre examen) ; par exemple :

- mais qu'est-ce que je vais bien pouvoir faire avec tout cet argent ?
- l'an prochain, ce sera à mon tour d'interroger des personnes comme moi... pas sûr d'en avoir très envie...

Enfin, écrivez au moins sept indices, toujours biscornus ou « décalés », qui expliqueraient la chance qui a joué en votre faveur pour que vous rencontriez un succès dans cette situation (votre demande est acceptée, vous réussissez votre examen) ; par exemple :

- c'est l'effet magique de mon nouveau parfum. Personne n'y résiste. Demain, j'en mets une double dose...
- passer un examen un lundi matin, ça aide à faire face à des gens qui ont fait la nouba tout le week-end...

Faites le point sur votre ressenti : l'évocation de la situation de départ vous stresse-t-elle ? Êtes-vous plus calme ?

Si oui, alors c'est le moment d'écrire sur la feuille ce que vous feriez vraiment, dans cette situation, en cas de succès ou en cas d'échec.

La dimension « structuration de l'information » – Empirisme/Réflexion

Mon état d'esprit			
	Habituel	Face à une difficulté	Moyenne
Curiosité	6	2	4
Acceptation de la réalité	5	5	5
Nuance dans les représentations	7	3	5
Relativité	9	1	5
Réflexion logique	3	7	5
Opinion personnelle	8	2	5
Score moyen	**6,3**	**3,3**	**4,9**

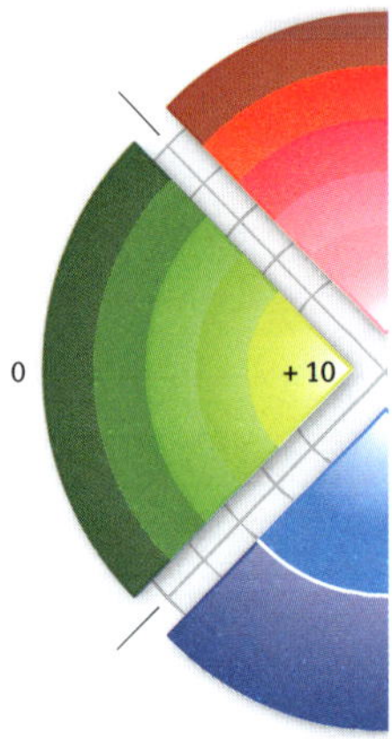

Votre vécu

Vous ressentez du stress dans cette dimension parce que vous vous attachez peut-être un peu trop au « système D ». Armé d'une confiance *a priori* dans les expériences vécues, vous vous limitez aux recettes qui marchent et ont déjà fait leurs preuves. Ce faisant, vous évitez la réflexion, que vous estimez stérile et compliquée, très « prise de tête ».

Ce qu'on en dit

Peut-être avez-vous déjà eu l'occasion d'entendre à votre égard l'un des feedbacks classiques de cette dimension, comme : « Elle a le nez dans le guidon » ; « Tu ne vois pas plus loin que le bout de ton nez » ; « Il est bête, stupide » ; « Tu mélanges tout » ; « C'est un perroquet, il reproduit sans comprendre. »

Le fonctionnement du mode automatique

Votre mode automatique choisit, dans votre bibliothèque d'expériences et de compétences que vous maîtrisez, une des stratégies connues et déjà utilisées avec succès. Il cherche un résultat concret, un « système D » qui a déjà fait ses preuves. C'est la dimension d'empirisme (défini comme étant un mode de pensée et d'action basé sur la seule expérience).

Que développer ?

Il serait utile que vous développiez l'art d'aller « voir plus loin » avant de tirer les conséquences d'une information. De chercher la signification cachée de ce qui est observable, au-delà des apparences, et de chercher à comprendre les mécanismes cachés qui animent ce monde. L'idée consiste à donner un sens à votre action en cherchant les liens de cause à effet entre les multiples événements.

Comment réduire le stress associé à la dimension « empirisme » ?

Glissez-vous à l'esprit des phrases telles que : « Réfléchissons » ; « Qu'est-ce qui est en train de se passer, ici ? » ; « Comment ça marche ? » ; « Il doit bien y avoir une logique dans tout ça, trouvons-la ! » ; « Comprendre, c'est un investissement : c'est perdre du temps pour en gagner plus tard. »

En pratiquant un exercice de réflexion

Pesez le pour et le contre.

Le principe de cet exercice consiste à prendre le contre-pied de ce que l'on a tendance à faire naturellement et de rechercher la part de positif qu'il y a dans le négatif et la part de négatif qu'il y a dans le positif.

Ingrédients : une feuille de papier, de quoi écrire.

Durée : de 10 minutes à l'infini.

Positionnez votre feuille devant vous, à l'horizontale (format « paysage », pas « portrait »). Divisez-la en quatre zones de même taille.

Choisissez et décrivez une situation stressante pour vous.

Commencez par dresser la liste des avantages relatifs à cette situation, dans la case supérieure gauche. Trouvez au moins cinq avantages.

Ensuite, dressez la liste des inconvénients relatifs à cette situation, dans la case inférieure gauche. Trouvez au moins cinq inconvénients.

Puis, tracez une ligne dans la case supérieure droite pour la diviser en deux.

Dans la zone supérieure, dressez la liste des avantages relatifs aux avantages que vous avez trouvés (case supérieure gauche) à cette situation. Trouvez au moins trois avantages des avantages.

Dans la zone inférieure, dressez la liste des inconvénients relatifs aux avantages que vous avez trouvés (case supérieure gauche) à cette situation. Trouvez au moins trois inconvénients des avantages.

Puis, tracez une ligne dans la case inférieure droite pour la diviser en deux.

Dans la zone supérieure, dressez la liste des avantages relatifs aux inconvénients que vous avez trouvés (case inférieure gauche) à cette situation. Trouvez au moins trois avantages des inconvénients.

Dans la zone inférieure, dressez la liste des inconvénients relatifs aux inconvénients que vous avez trouvés (case inférieure gauche) à cette situation. Trouvez au moins trois inconvénients des inconvénients.

Avantages (5)	Avantages des avantages (3)
	Inconvénients des avantages (3)
Inconvénients (5)	Avantages des inconvénients (3)
	Inconvénients des inconvénients (3)

Faites le point sur votre ressenti : l'évocation de la situation de départ vous stresse-t-elle ? Êtes-vous plus calme ?

La dimension « publication de l'information » – Image sociale/Opinion personnelle

Mon état d'esprit			
	Habituel	Face à une difficulté	Moyenne
Curiosité	6	2	4
Acceptation de la réalité	5	5	5
Nuance dans les représentations	7	3	5
Relativité	9	1	5
Réflexion logique	3	7	5
Opinion personnelle	8	2	5
Score moyen	**6,3**	**3,3**	**4,9**

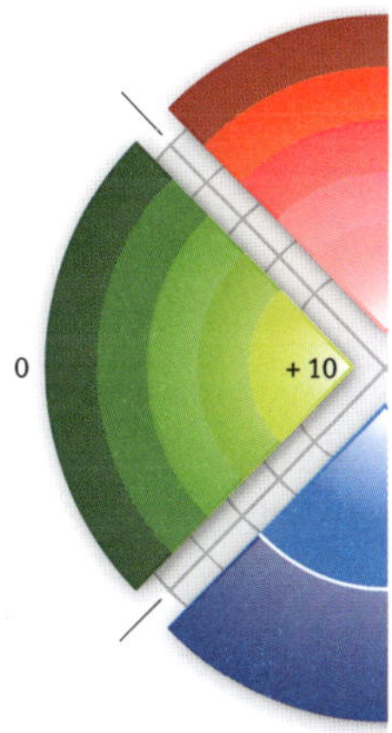

Votre vécu

Vous ressentez du stress dans cette dimension parce que, craignant d'être jugé ou mal perçu, vous avez tendance à émettre une opinion qui concorde avec les règles sociales en vigueur, les attentes d'autrui ou l'image que vous voulez donner de vous. Pas forcément avec ce que vous en pensez réellement. Bien sûr, vous percevez intuitivement ce qui est acceptable dans un groupe, mais vous accordez une attention trop importante au regard des autres. En d'autres termes, vous préférez défendre votre image sociale que vos opinions personnelles. Cela explique, par exemple, que vous voulez toujours avoir raison dans ce type de situation ou à l'inverse que vous ayez du mal à affirmer votre point de vue.

Ce qu'on en dit

Peut-être avez-vous déjà eu l'occasion d'entendre à votre égard l'un des feedbacks classiques de cette dimension, comme : « Aie au moins le courage de tes opinions ! » ; « Qu'est-ce qu'il ne débiterait pas comme platitudes pour avoir la paix ! » ; « Tu t'arranges toujours pour répondre ce qu'on attend de toi, on ne sait jamais ce que tu en penses vraiment » ; « Il est influençable » ; « Elle est facile à manipuler » ; « Quel complexé ! » ; « Je n'aime pas discuter avec elle, la fin est connue d'avance : on trouve toujours un consensus... mou. »

Le fonctionnement du mode automatique

Votre mode automatique, fort de ses croyances et de ses conditionnements, est à la source de l'image que vous avez de vous-même. Il a intégré les règles sociales et, attentif au regard des autres (famille, amis, collègues...), sélectionne une réponse qui sera acceptable par eux, pour éviter leur désapprobation. C'est sa dimension d'image sociale.

Que développer ?

Il serait utile que vous développiez votre sens de l'individualisation et que vous vous affranchissiez du regard des autres ou de la pression sociale. L'objectif consiste à affirmer votre opinion, même si vous êtes seul à l'incarner, sans rechercher l'assentiment d'autrui ni craindre son jugement. En corollaire, vous prenez le risque de vous tromper ou de ne pas avoir raison. Trouvez un moyen de l'assumer : ce risque est, par nature, indissociablement lié au fait de prendre une décision.

Comment réduire le stress associé à la dimension « image sociale » ?

Glissez-vous à l'esprit des phrases telles que : « Qu'est-ce que j'en pense vraiment ? » ; « Pourquoi est-ce que je me sens toujours concerné ? » ; « Que me coûte mon image, en cet instant précis ? » ; « Qu'est-ce que je gagne à vouloir toujours avoir raison ? » ; « Le ridicule ne (me) tue pas » ; « Quels sont mes objectifs réels ? » ; « Et après ? ».

En pratiquant un exercice d'individualisation

Écoutez-vous parler !

Les paroles que nous exprimons à voix haute sont fortement soumises à un véritable filtrage du mode automatique qui tend, eu égard à l'image sociale que l'on souhaite afficher, à fonctionner comme un carcan limitant l'émergence des idées personnelles. Se concentrer sur leur production entraîne une résistance du mode automatique. Par contre, le fait de ne pas réfléchir à ce que l'on va dire court-circuite ce dernier.

Ingrédients : aucun, hormis un endroit où vous pouvez être seul.

Durée : 5 minutes.

Faites le vide en vous : soyez attentif à ne penser à rien avant l'exercice, ce qui activerait le mode automatique et ses successions de pensées « en boucle ».

Parlez à voix haute dans une langue imaginaire, qui ressemble, par exemple, à du japonais, du polonais, du quechua, du bochiman (comme dans le film *Les dieux sont tombés sur la tête*), des onomatopées (pensez à la chanson « Comic strip » de Serge Gainsbourg)... Toute suggestion est la bienvenue, pour peu que vous vous lanciez.

Si vous pensez n'avoir aucune idée, c'est que vous êtes en mode automatique : le mode adaptatif, maître en créativité, n'a pas ce type de souci. Pour commencer, une succession de « blablabla » fera également l'affaire, à condition d'en varier le rythme et l'intensité (au pire : pensez à un air de musique que vous aimez et reproduisez la mélodie sous la forme de blablas).

Surtout, ne réfléchissez pas au prochain son que vous formulerez. Votre cerveau est fait pour et s'en charge très bien. Concentrez-vous sur ce qui sort de votre bouche, sur le son qui sort de vos lèvres, comme si vous vous écoutiez.

Ce n'est pas si évident que ça de « n'être qu'une oreille » quand on parle. Vous risquez d'être perturbé par des pensées du type : « Qu'est-ce que j'ai l'air stupide ! » ; « Qu'est-ce qu'on va penser de moi » ; « J'espère que personne n'entrera dans la pièce » ;

« À quoi sert cet exercice, sinon à se couvrir de honte et de ridicule »... Chassez-les de votre esprit. Chacune de ces phrases est le signe que votre mode automatique fait de la résistance, sur le thème de... l'image sociale.

Persévérez jusqu'à ce que vous vous sentiez apaisé. Le plus gros du travail, les premières fois, consistera à lutter contre les pensées automatiques présentées ci-dessus.

Les conseils du coach

Trouvez votre manière d'accéder à votre mode adaptatif

Il existe plusieurs manières d'être adaptatif. Le tout, c'est de ne pas être automatique. Comme le montrent les pages qui précèdent, toutes les dimensions du traitement de l'information peuvent être utilisées pour activer le mode adaptatif. Elles représentent autant d'occasions de basculer d'un mode vers l'autre et de faire chuter le stress. Aucune n'est meilleure qu'une autre, mais certaines pensées ou certains exercices vous conviendront mieux que d'autres et seront, pour vous, plus efficaces pour passer en mode adaptatif.

En fonction des dimensions qui sont utilisées avec le plus de facilité, on pourrait imaginer, sans vouloir être réducteur, que...

- ... l'explorateur s'est spécialisé dans la curiosité ;
- ... le sage s'est spécialisé dans l'adaptation ;
- ... l'entomologiste s'est spécialisé dans la nuance ;
- ... le scientifique s'est spécialisé dans la relativité ;
- ... l'ingénieur s'est spécialisé dans la réflexion ;
- ... le décideur s'est spécialisé dans l'opinion personnelle.

Notre conseil : testez tous les exercices, essayez toutes les pensées motivantes, et conservez ceux ou celles qui vous apportent une réelle détente, un réel apaisement.

Sortez du cadre

Le mode automatique se contente de reproduire du connu, du tangible, de l'expérimenté. Son cadre de référence, c'est votre passé (expériences, croyances, conditionnements, émotions), à commencer par le milieu dans lequel vous avez grandi et ses règles de vie. Tant que vous restez dans ce cadre, le mode automatique est actif et gère. Dès que vous sortez de ce cadre, vous confrontez votre cerveau à quelque chose de nouveau, d'inconnu. Dès lors, il donne la main au mode adaptatif.

En des termes plus concrets, cela donne : visitez des lieux que vous ne connaissez pas, parlez à des personnes que vous connaissez mal (surtout si elles vous dérangent), prenez le contre-pied de ce que vous avez tendance à faire. Soyez farfelu, biscornu, extravagant (de votre point de vue). Avant de vous lancer, lisez toutefois le paragraphe suivant.

Ne vous laissez pas berner par votre mode automatique !

Votre mode automatique est truffé de croyances (comportements, pensées ou émotions) fondamentalement irrationnelles car d'origine conditionnée, donc automatique. Toutefois, il cherchera à les protéger pour que vous ne les remettiez pas en question. Il vous poussera à plaquer des explications ou justifications logiques, rationnelles et réfléchies sur ces croyances. Nous verrons plus loin comment travailler sur ces croyances (chapitre suivant).

Saturez votre mode automatique !

Votre mode automatique ne peut gérer qu'une seule action à la fois, alors que votre mode adaptatif est conçu pour en traiter plusieurs. La bascule est automatique si vous saturez votre mode automatique de demandes. Faire un jogging en se concentrant sur de la musique tout en cherchant à repérer les détails insolites des endroits par lesquels vous passez peut suffire à y parvenir !

Soyez attentif au signal du stress !

Puisque vous avez appris à reconnaître le signal du stress, rappelez-vous que son apparition signifie que vous faites fausse route, que vous posez une erreur de jugement. Partant de cela, dès que vous ressentirez du stress, dites-vous quelque chose comme :

- « Stop ! *Freeze !* Arrêt sur image ! Qu'est-ce qui m'échappe ? »

- « Qu'est-ce que je suis en train de faire de manière automatique et qui ne correspond pas à ce que je devrais faire ? »
- « Qu'est-ce que je n'ai pas vu, pas entendu, pas saisi, pas compris ? »
- « Il y a un truc qui cloche, lequel ? »

En faisant cela, vous prendrez instantanément un peu de recul, ce qui vous permettra de mieux réagir, voire de diminuer votre stress.

En résumé

Notre cerveau utilise deux modes de prise de décision :

- le mode automatique, qui s'active lorsque la situation en cours est simple et connue. Il la gère de manière routinière, rigide, simplificatrice, sûre, empirique et tient compte de l'image sociale pour élaborer une réaction fiable et rapide ;
- le mode adaptatif, qui s'active lorsque la situation en cours est complexe ou inconnue. Il cherche des réponses innovantes, ce qui ralentit la vitesse de la réaction.

Lorsqu'une situation complexe ou inconnue est mal évaluée par le cerveau, qui l'estime connue ou simple, le mode automatique s'active erronément. C'est alors que le stress apparaît. Il signale l'erreur d'appréciation et indique qu'il faut « basculer » en mode adaptatif.

Cette bascule permet d'envisager la situation avec davantage de curiosité, d'acceptation, de nuance, de relativité, de réflexion, d'opinion personnelle.

Entraînez-vous à basculer volontairement vers le mode adaptatif !

4
Vos situations gâchettes

Les déclencheurs du stress

L'apprentissage émotionnel

La première fois que votre route croise une expérience nouvelle, elle est, par définition, inconnue. Elle devrait être prise en charge par votre mode adaptatif (sauf si, erreur d'aiguillage interne aidant, votre mode automatique s'en empare, auquel cas vous pourriez ressentir du stress). Il l'aborde avec ses dimensions à lui : de la curiosité, de l'acceptation, de la nuance, de la relativité, de la réflexion, de l'individualisation. Ce sont les six thèmes abordés dans le chapitre précédent.

Toutefois, ce système d'aiguillage ne concerne pas les expériences que vous avez faites durant votre enfance ou votre adolescence. En effet, durant cette période, les territoires préfrontaux du cerveau ne sont pas encore parvenus à pleine maturité : ils ne seront pleinement fonctionnels que vers 25 ans environ. Cela signifie que vos expériences précoces ont été pour l'essentiel traitées par l'étage « inférieur » de votre cerveau, à savoir les territoires néolimbiques, en mode automatique.

Le mode automatique est capable d'apprentissage et d'expertise. Cet apprentissage n'est pas « rationnel », mais plutôt « émotionnel ». En effet, le mode automatique mémorise l'expérience, puis l'associe à une émotion de plaisir ou de déplaisir. Donc, un enfant qui goûte pour la première fois du chocolat ou un pamplemousse y associera une émotion. Si le chocolat ou le pamplemousse lui ont procuré du plaisir, il aura tendance à en redemander. Si, au contraire, il a ressenti du déplaisir, il aura tendance à refuser la prochaine fois qu'on lui en présentera. Idem quand il rencontre du feu ou un orage. Idem aussi pour les comportements. Un enfant ou un adolescent dont un comportement est récompensé (« C'est gentil ! » ; « Comme tu fais ça bien » ; « Je suis fier de toi » ; « Tu as bien mérité une glace... ») aura envie de le reproduire. Si son comportement est puni (« Ce n'est vraiment pas gentil » ; « Comment as-tu pu faire une chose pareille ? » ; « J'ai honte de toi » ; « Tu peux oublier le cinéma... »), il n'aura pas envie de le reproduire.

Une seule mémorisation n'explique pas pourquoi certaines choses nous attirent à tous les coups, et pourquoi nous en évitons systématiquement d'autres. Mais si l'expérience a été reproduite un nombre suffisant de fois, c'est très différent : il ne s'agit plus d'un simple « rapport d'expérience », mais bien d'un conditionnement. En d'autres termes, vous êtes conditionné à reproduire ou à éviter ce comportement.

Le mode automatique, un mode expert

À la lecture des pages qui précèdent, on pourrait penser que le mode automatique est peu sophistiqué. C'est inexact. Il représente notre mode de fonctionnement habituel, que nous utilisons environ 90 % du temps. S'il est le cœur de nos émotions, il est également celui de notre expertise. C'est grâce à lui que nous conduisons une voiture, que nous lisons très rapidement les mots que nous connaissons, qu'un tennisman sait placer en pleine course un « passing shot » précis (et que vous gérez vos domaines d'expertise de la même manière). Ces apprentissages complexes (conduire, lire, jouer au tennis...) ont pu être, au début, gérés par le mode adaptatif. Les procédures qu'il met au point s'automatisent au fur et à mesure de leur pratique. Elles sont prises en charge par le mode automatique dès qu'elles sont maîtrisées ou, si vous préférez, que vous êtes devenu un « expert » trop sûr de ses compétences.

Le conditionnement et la satisfaction des besoins

La théorie sur le conditionnement n'est pas neuve. Le type qui nous intéresse, c'est le conditionnement opérant identifié par Skinner, psychologue et penseur américain, en 1971. Ce conditionnement provient de l'action de l'individu. Skinner a démontré qu'« un apprentissage associe une action à la satisfaction du besoin auquel elle répond ». Toute initiative est donc sanctionnée par la satisfaction ou non de ce besoin. S'il est satisfait, donc « récompensé », le comportement est encouragé : l'individu aura tendance à le reproduire. S'il n'est pas satisfait, donc « puni », le comportement est découragé : l'individu aura tendance à ne pas le reproduire et, si cela se répète, à l'éliminer de son répertoire comportemental. Cet apprentissage par essai et erreur devient conditionnement lorsqu'il se répète un certain nombre de fois (au moins quinze) durant lesquelles le même stimulus perçu entraîne la même réponse vécue. Au passage, soulignons que c'est donc bien la perception que l'individu en a et son vécu qui priment sur l'aspect objectif du stimulus, ce qui tend à expliquer la rigidité, la simplification ou la certitude spécifiques au mode automatique.

L'intensité du conditionnement, sa « force émotionnelle » (allant d'« un déplaisir intense », source de souffrance profonde, à « un plaisir intense », source d'une joie tout aussi profonde), combinée à sa fréquence (de 15 fois à « chaque fois que… »), modifie au fil du temps la vision du monde de la personne qui en fait l'objet. Si, étant enfant, vous aviez envie de rire (ou de pleurer) et que vos proches vous ont rembarré à plusieurs reprises, en vous disant que ce n'était pas drôle (ou que pleurer était un signe inadmissible de faiblesse), vous avez tendance à penser que rire (ou pleurer), ce n'est pas bien, ça ne se fait pas. Vous le penserez plus fort encore si la réponse a été brutale ou agressive (moralement ou physiquement). Dans ce cas, aujourd'hui, vous risquez de ne plus rire qu'exceptionnellement (ou ne jamais oser pleurer).

Chez les enfants et les adolescents, certaines thématiques sont plus particulièrement source de conditionnement, puisqu'elles correspondent à des besoins de base. Si l'on se fie à la pyramide des besoins imaginée par Abraham Maslow, les principaux besoins humains sont : les besoins physiologiques (manger, dormir…), le besoin de sécurité (sécurité physique et morale), le besoin affectif d'appartenance (y compris le besoin d'intégration, de reconnaissance, d'amour, ce dernier passant par le besoin d'être accepté, de ne pas se sentir seul ou rejeté et d'appartenir à un groupe). Plus tard se fait plus particulièrement sentir le besoin d'estime personnelle (se réaliser, se valoriser à ses propres yeux à travers une activité). Plus tard encore, mais cela ne concerne plus tout à fait notre propos, naît le besoin d'épanouissement. Donc, pour un enfant, si « rire » équivaut à être rejeté, « rire » ne satisfait pas son besoin d'appartenance, donc il abandonnera cette stratégie. Si « pleurer » met en danger sa sécurité physique et son besoin d'intégration ou d'amour, il ne pleurera plus. Et si jouer au football lui procure le sentiment d'appartenir à une équipe, d'être reconnu par ses parents pour ses qualités et de recevoir l'amour de ses coéquipiers chaque fois qu'il marque un but... il n'est pas impossible qu'il poursuive dans cette voie.

Vérités et réalité

En résumé, notre mode automatique établit des « vérités », des croyances, à partir d'une répétition de faits. Les plus précoces et les plus prégnantes d'entre elles sont concentrées sur les sphères de la sécurité, de l'affectivité, du sentiment d'appartenance et de reconnaissance ainsi que de l'estime de soi. Vos croyances sont également le reflet de la société dans laquelle vous vivez, de l'environnement où vous avez grandi, de l'éducation que vous avez reçue, des amis que vous avez eus, des activités que vous avez pratiquées. Ce reflet, vu à travers vos yeux, votre sensibilité, votre personnalité, s'est gravé en vous. Il a été scrupuleusement mis en mémoire par votre mode automatique auquel il sert de cadre de référence, de comparateur interne auquel vous soumettez les situations que vous vivez, les personnes que vous rencontrez, les comportements et attitudes que vous croisez.

Avec célérité et fiabilité, votre mode automatique prend donc en charge l'essentiel de vos décisions quotidiennes. Il opère sur la base d'un fonctionnement de type stimulus/réponse fondé sur votre expérience. Statistiquement, vos décisions et les comportements qui en découlent obtiennent un bon résultat à court terme. Le mode automatique génère donc en vous un sentiment d'évidence : « Ma solution est la bonne, puisqu'elle marche ! » Or, c'est le mode mental actif par défaut, aux commandes 90 % du temps. Il définit donc notre état d'esprit le plus habituel. De là provient le sentiment de réalité qu'il procure. Cela ne veut pas dire pour autant qu'il ait raison car, en l'occurrence, il ne raisonne pas : il adhère à ce en quoi il croit ou ce qu'il a appris à croire.

Réalité et évidence construisent des croyances efficaces mais rigides, qui marquent la différence entre « notre représentation de la réalité » et « celle des autres ».

Valeurs et antivaleurs

Vos croyances, issues de conditionnements et stockées dans la « banque d'expériences » de votre mode automatique, influencent vos comportements au quotidien. Elles vous incitent à reproduire ce que vous avez enregistré comme vous étant profitable. Elles vous poussent à éviter autant que possible ce que vous avez enregistré comme vous étant nuisible. Berceau de vos valeurs et de vos antivaleurs, elles se mêlent à votre personnalité, avec un impact sur votre comportement.

Personnalité réceptive + valeur

Samuel est un enfant qui, spontanément, range, trie et prend soin de ses affaires. Il grandit dans une famille dont les parents sont attentifs au soin apporté aux choses. Son soin naturel est fréquemment renforcé par des mots tels que : « Comme tu as bien rangé ta chambre, bravo ! » Ses parents laissent parfois passer un éventuel désordre, sachant qu'il ne dure jamais bien longtemps. Le tempérament ordonné de Samuel est renforcé par la valeur « soin » de ses parents. Il aime prendre soin de ses affaires, mais n'est pas gêné quand il voit du désordre. Il conserve intact le plaisir initial du comportement, auquel il ajoute la valeur correspondante : il aime mettre de l'ordre et est prêt à recommencer chaque soir.

Personnalité moins réceptive + valeur

Lou démonte tous ses jouets. C'est comme ça qu'il joue. Il adore ! Il arrive qu'il les éparpille dans toute la maison. Il grandit dans une famille dont les parents sont attentifs au soin apporté aux choses. Ils l'encouragent à (ou lui ordonnent de) ranger et, lorsqu'il s'exécute, même imparfaitement, apprécient son effort par des mots tels que : « Comme tu as bien rangé ta chambre, chapeau, je sais que c'est difficile ! » Ses parents ont pris l'habitude de ramasser les morceaux de jouets qui traînent et de les rassembler dans une boîte. Le tempérament désordonné de Lou est influencé par la valeur « soin » de ses parents. Il a tendance à mettre du désordre, ce qui ne le gêne pas, mais éprouve de la satisfaction quand il range, puisque ses parents seront contents. S'il n'a pas le plaisir initial du comportement, il a acquis une valeur qui lui permet, moyennant effort, d'obtenir un bon résultat : il n'aime pas mettre de l'ordre mais peut le faire. Parfois. Et il aime qu'on le félicite, après.

Personnalité réceptive + antivaleur

Samuel grandit dans une famille dont les parents sont de véritables maniaques de l'ordre. Son soin naturel est considéré comme étant « la moindre des choses ». Par contre, dès qu'il ne range pas ses chaussures à leur place, ses parents lui reprochent. Il devient très attentif au rangement et ne supporte pas de voir quelque chose traîner (qui risque de lui valoir une réprimande). Le tempérament ordonné de Samuel est troublé par l'intolérance de ses parents. Il conserve en partie le plaisir initial du comportement, auquel il ajoute l'antivaleur correspondante : il aime mettre de l'ordre et ne supporte pas le désordre. Dès qu'il en voit, il se sent obligé de ranger.

Personnalité moins réceptive + antivaleur

Lou grandit dans une famille dont les parents sont de véritables maniaques de l'ordre. Son manque de soin énerve prodigieusement ses parents, qui n'arrêtent pas de le punir « tant qu'il n'aura pas rangé sa chambre » et évitent de lui offrir des jouets démontables. Peu à peu, le désordre est associé à la privation, à la punition, à l'énervement. Lou ne le supporte plus, mais chaque effort lui coûte... Le tempérament désordonné de Lou est contré par l'intolérance de ses parents. Il n'a pas le plaisir initial du comportement et y ajoute une vive antivaleur pour le désordre. Il n'aime pas mettre de l'ordre et ne supporte pas le désordre. Résultat : il le fera une fois ou deux, mais s'il doit recommencer trop souvent à son goût, il risque de se fâcher.

Les quatre exemples ci-dessus sont théoriques. En réalité, chacun a généralement reçu un mélange de feedbacks positifs et de feedbacks négatifs. Le souci, c'est que, au cours de la vie, la composante négative l'emporte progressivement mais sûrement sur la composante positive : l'échec est plus intensément et plus puissamment programmant que le succès. C'est assez facile à comprendre dans la mesure où ces mécanismes dépendent de territoires du cerveau conçus pour s'adapter, à l'origine, au monde sauvage. Or, il faut beaucoup de succès quotidiens pour qu'un animal y survive (manger ou échapper aux multiples dangers pour, en fin de compte, pouvoir se reproduire et perpétuer l'espèce), mais un seul échec peut être fatal. À sa manière, le cerveau assure une protection contre les principaux risques en prévenant la déprogrammation intempestive d'apprentissages clés.

En d'autres termes, les intolérances ou « antivaleurs » ont tendance à l'emporter sur les valeurs : Samuel, par exemple, sera beaucoup plus touché, « émotionnellement », par la seule fois de l'année où sa maman s'énervera fort sur sa paire de chaussures mal rangée qu'il ne le sera par dix compliments sur son soin.

Des antivaleurs sources de stress

Vos intolérances sont des vestiges de vos apprentissages. Elles font partie de vos croyances. Vous y adhérez, puisqu'elles sont l'expression « réelle » d'« évidences » fondées sur la réussite ou l'échec des expériences passées ! Pour vous, elles sont une partie de La réalité. Comme telles, elles devraient donc, selon vous, être universelles (comme la réalité). Or, certains ne partagent pas votre opinion. Lorsque vous les rencontrez, ils ravivent votre antivaleur. Dès qu'un conditionnement entre en jeu, c'est forcément le mode automatique qui est aux commandes de vos réactions. Si une personne exprime une autre opinion ou remet en cause votre point de vue, même de manière non verbale, elle dérange votre mode automatique et sa belle bibliothèque d'expériences. C'est la situation gâchette : cette pensée ou attitude divergente est perçue comme une agression, un signe de « bêtise » ou de mauvaise foi. Le mode automatique réagit, dans un esprit de défense (des valeurs que vous portez en vous), par un comportement associé de rejet ou d'intolérance, généralement, qui peut être perçu comme étant agressif par un interlocuteur. Plus l'antivaleur est ancrée, plus la réaction est puissante.

C'est là que vous commencez, si ce n'est déjà fait, à ressentir et à exprimer du stress, sous forme de d'anxiété (fuite), de colère (lutte), de découragement (inhibition). Parce que le mode adaptatif déclenche son signal d'alarme favoriPour indiquer que cette réaction n'est pas appropriée. Il vous dit : « Tu fais fausse route, ton point de vue n'est pas le seul possible, il faudrait que tu prennes du recul, que tu nuances, que tu sois curieux, que tu réfléchisses, que tu t'adaptes à la situation, que tu donnes ton avis à toi »., pour faire cesser le stress, il est indispensable de changer de mode mental et de passer la main au mode adaptatif.

Exemple : un individu plutôt altruiste, dont les parents avaient tendance à critiquer les personnes égoïstes qu'ils croisaient, aura tendance à être lui-même agacé lorsque, devenu adulte, il croisera une personne au comportement égoïste. Ce même individu, s'il a vécu avec des parents qui le punissaient durement à chaque fois qu'il refusait de partager la moindre tablette de chocolat avec ses frères, réagira différemment. Il pourrait en arriver à s'énerver, voire à « péter un plomb », face à quelqu'un qui se comporte égoïstement.

Pourquoi faire confiance au mode adaptatif

Parce qu'il est dépourvu de valeurs, ou plutôt de jugement de valeurs. Car, les valeurs, il les intègre toutes, sans aucune espèce d'*a priori*. Ses facultés lui permettent de n'être prisonnier d'aucune. Il est suffisamment ouvert pour les dépasser et prendre le meilleur de chacune pour créer une nouvelle vision qu'il n'hésitera pas à faire évoluer encore et encore. Il peut les analyser, les (re)combiner, même les plus opposées, pour aboutir à un consensus « vrai ». C'est ce qui lui permet justement d'être évolutif et adaptatif.

Décodez votre score moyen

Vos situations gâchettes sont ces situations où, confronté à une antivaleur, vous avez une réaction automatique de rejet ou d'intolérance. Il en existe des centaines, plus ou moins intenses. Nous en avons sélectionné 10, sur la base des réponses obtenues au VIP2A (voir encadré p. 119). Sur 1 028 inventaires exploitables, les situations gâchettes proposées dans ce livre forment le Top 10 des comportements jugés insupportables par des répondants majoritairement français et belges...

Mon PROFIL face au stress

Votre nom

Mon stress	/10
Fuite (anxiété)	2
Lutte (énervement)	5
Inhibition (découragement)	9
Niveau d'effet du stress sur ma santé	7
Score Stress	**5,75**

Mon état d'esprit	Habituel	Face à une difficulté	Moyenne
Curiosité	6	2	4
Acceptation de la réalité	5	5	5
Nuance dans les représentations	7	3	5
Relativité	9	1	5
Réflexion logique	3	7	5
Opinion personnelle	8	2	5
Score moyen	**6,3**	**3,3**	**4,9**

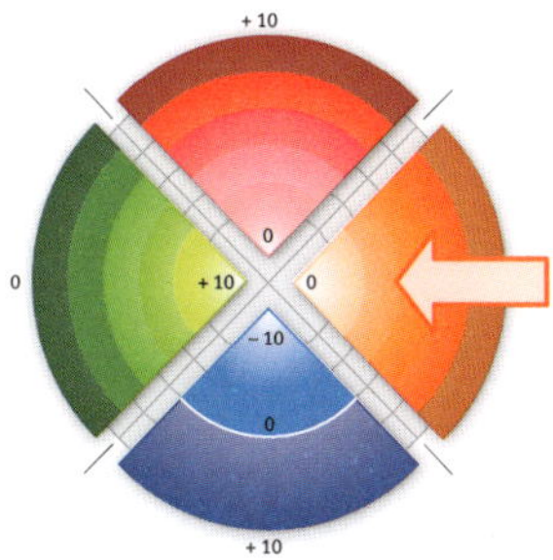

Mes situations « gâchettes »	
Irresponsabilité	2
Prétention	10
Échec	8
Gaspillage	4
Naïveté	6
Rigidité	2
Inefficacité	5
Banalité	1
Agir sans réfléchir	2
Agir sans tact	8
Score	**4,8**

Ma façon de gérer mes ambitions	Niveau d'exigence	Niveau de moyens	Écart
Professionnel	8	5	3
Personnel	3	6	– 3
Score moyen	**5,5**	**5,5**	**0**

EYROLLES

Un questionnaire IME/INC

Votre score moyen est inférieur à 2/10

Vous êtes, en moyenne, très peu sensible aux situations gâchettes répertoriées dans ce questionnaire. Vous les abordez, de manière générale, avec beaucoup de calme, de recul et sérénité. Vous êtes ouvert, nuancé, vous relativisez le comportement auquel vous êtes confronté. Vous ne vous sentez pas touché ou agressé par lui. Vous fonctionnez pleinement en mode adaptatif. Le travail sur les situations gâchettes abordées dans ce livre n'est pas nécessaire pour vous. Vous pouvez, par contre, décliner la méthode proposée sur vos propres situations gâchettes.

Votre score moyen s'élève à 3 ou 4/10

Vous êtes, en moyenne, assez peu sensible aux situations gâchettes répertoriées dans ce questionnaire. Vous les abordez, de manière générale, avec calme. Vous êtes plutôt ouvert, nuancé, vous parvenez à relativiser le comportement auquel vous êtes confronté, même s'il arrive qu'il vous égratigne un petit peu, à l'intérieur. Vous fonctionnez en mode adaptatif. Travailler vos situations gâchettes abordées dans ce livre est un plus, qui vous rendra encore plus calme, mais demeure une option, pas une nécessité. Vous pouvez, par contre, décliner la méthode proposée sur vos propres situations gâchettes.

Votre score moyen s'élève à 5 ou 6/10

Il ne vous est pas toujours possible de ne pas réagir aux situations gâchettes répertoriées dans ce questionnaire. Parfois, vous parvenez à maîtriser votre émotion, à prendre un peu de recul. Parfois pas. Même si vous êtes touché, il vous est possible, *via* un effort de volonté, de vous calmer. Vous êtes dans la zone de bascule entre le mode automatique et le mode adaptatif. Vous avez tout intérêt à travailler vos situations gâchettes pour faire pencher la balance à chaque fois du bon côté. Vous calmer, être serein, maîtriser vos émotions sera de plus en plus facile au fil du temps, et vous prendrez du recul envers les situations gâchettes.

Votre score moyen s'élève à 7 ou 8/10

Quand vous êtes confronté à l'une des situations gâchettes répertoriées dans ce questionnaire, vous ne parvenez pas à maîtriser vos émotions. Vous ressentez du stress, des impulsions fortes vous font hausser le ton, vous découragent, accélèrent votre rythme cardiaque (en fonction de la modalité de stress qui prend le dessus). Vous sentez bien que votre réaction n'est pas productive, mais ne voyez pas comment faire autrement (pour rappel, en mode automatique, on n'est pas très créatif). Travailler vos situations gâchettes est vraiment important pour parvenir à décrocher de vos émotions et à prendre un minimum de recul. De cette manière, vous parviendrez à gérer constructivement la situation, même s'il vous faudra faire preuve de persévérance pour parvenir à l'aborder avec calme et recul.

Votre score moyen est > à 8/10

Quand vous êtes confronté à l'une des situations gâchettes répertoriées dans ce questionnaire, vous « partez en vrille ». C'est plus fort que vous, vous ne pouvez vous empêcher de piquer une colère, de vous sentir vraiment abattu ou d'avoir envie de quitter la pièce sur-le-champ, ce qui vous arrive parfois (en fonction de la modalité de stress qui prend le dessus). Vous sentez bien que ce n'est pas ce qu'il faudrait faire, mais vous êtes tellement persuadé d'avoir raison que votre mode automatique réagit avec une force phénoménale et occulte complètement d'autres stratégies possibles. Vous êtes « aveugle ». Il est urgent de travailler vos situations gâchettes si vous ne voulez pas vous retrouver, à terme, assis sur un baril de poudre. De cette manière, vous parviendrez à envisager qu'il existe d'autres stratégies, qu'il est possible de mieux gérer la situation. C'est le premier pas vers une gestion plus constructive puis, si vous êtes patient et persévérant, vers des vécus de calme, de recul, qui vous semblent inaccessibles pour le moment.

Score détaillé et priorité d'action

Le tableau annexé au quadrant isole chaque situation gâchette et indique le score que vous lui avez attribué en répondant au questionnaire.

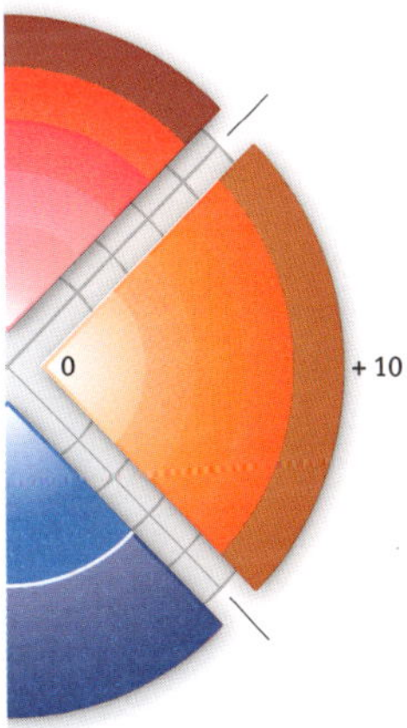

Mes situations « gâchettes »	
Irresponsabilité	2
Prétention	10
Échec	8
Gaspillage	4
Naïveté	6
Rigidité	2
Inefficacité	5
Banalité	1
Agir sans réfléchir	2
Agir sans tact	8
Score	**4,8**

Pour lire les scores, référez-vous aux paragraphes précédents pour les scores inférieurs à 2, compris entre 3 et 4, entre 5 et 6, entre 7 et 8 ou les scores supérieurs à 8/10.

Dressez ensuite une priorité dans la manière de travailler vos intolérances :

- celles qui ont le plus besoin d'être travaillées sont celles pour lesquelles vous avez un score compris entre 7 et 10. C'est ici que se situe le gain maximal. Ce sont aussi celles où sont touchées vos croyances les plus ancrées, celles auxquelles vous adhérez le plus. C'est ici que vous aurez le plus de difficultés à faire vaciller vos certitudes. Commencer par ces situations gâchettes n'est pas toujours le choix le plus facile, car elles sont potentiellement frustrantes si vous avez le sentiment que « ça ne marche pas » ;
- celles qui sont dans la zone de bascule (entre 4 et 6) peuvent représenter un gain très intéressant, puisque travailler sur elles permet de prendre l'habitude de donner la main à votre mode adaptatif quand vous abordez les situations gâchettes. En outre, vos croyances étant un peu moins ancrées, il est plus facile d'en sortir. Nous vous recommandons de commencer par travailler ces situations gâchettes ;
- celles pour lesquelles vous avez obtenu un score de 2 ou 3 sont situées dans une zone relativement confortable pour vous. Les travailler est un must, afin d'être encore plus fluide, plus nuancé, plus serein. Mais le gain potentiel est faible, et les progrès difficilement vérifiables. Conservez-les pour la fin... à moins que la facilité ne soit pour vous particulièrement attractive et qu'elle puisse vous donner l'envie ou l'énergie d'aborder des sujets plus sensibles ;
- les situations gâchettes pour lesquelles vous avez obtenu un score de 0 ou 1 ne nécessitent aucun travail, puisque vous parvenez déjà à les gérer avec calme, recul et sérénité.

Quelle que soit votre décision, conservez à l'esprit cette phrase comme leitmotiv : « Si je ne déstabilise pas mes certitudes, je reste dans mes croyances. » Rester dans vos antivaleurs est, évidemment, votre choix. Mais pensez à ce qu'elles vous coûtent en termes de stress, de ruptures (de lien avec les autres, proches ou moins proches), de malaise (de la culpabilité de l'après-situation à la gestion de crise), d'appréhension (pour la prochaine confrontation)... cette liste de désagréments n'étant pas exhaustive, loin de là !

Première place du Top 10 : l'irresponsabilité

Vous ne supportez pas l'irresponsabilité et les personnes qui ne mesurent pas les conséquences de leurs actes.

C'est normal, non ? Dans notre société, les prisons sont peuplées d'irresponsables, de personnes inconséquentes qui ont fait des bêtises, sans réfléchir plus loin que « le bout de leur nez ». D'ailleurs, la responsabilité individuelle est un des piliers du droit. Dans tous les procès, on se demande d'abord si la personne est « responsable de ses actes »... Le fisc, les compagnies d'assurances, les forces de l'ordre traquent des « inconséquents » qui mettent en danger autrui ou le système établi. Et encore, nous nous limitons aux valeurs qui passent par notre société, en dehors de votre cercle familial, relationnel, professionnel... Comment, dans un tel contexte, pourriez-vous éviter d'être influencé : l'irresponsabilité, ce n'est pas bien, c'est mal, c'est moche ! Telle est, en substance, votre croyance.

A priori, vous êtes une personne qui tend à être responsable et conséquente. Ce n'est pas toujours facile, n'est-ce pas ? Une telle valeur représente parfois un poids. Elle peut avoir des inconvénients. Être responsable, c'est, par exemple, avoir le courage d'assumer ses erreurs, quoi qu'il en coûte. C'est, autre exemple, conserver en permanence une certaine vigilance, une certaine maîtrise, au cas où les choses tourneraient mal. Être conséquent, c'est, par exemple, se passer de l'un ou l'autre plaisir en estimant qu'on risque de le regretter, après. Dans votre cas, quels seraient les inconvénients ? Prenez quelques instants pour en trouver cinq, même minimes, même légers.

Pensez à une personne que vous trouvez notoirement irresponsable et/ou inconséquente. Vous ressentez un peu de stress (énervement, agacement, par exemple) ? C'est normal, et c'est la preuve que vous fonctionnez en mode automatique... Cette personne, pourquoi la trouvez-vous irresponsable ? Quelles manières de penser, quels comportements vous agacent, vous énervent ? Dès que vous êtes agacé, énervé, n'avez-vous pas tendance à vous arrêter et à cataloguer cette personne, sans chercher à aller plus loin ? Êtes-vous sûr que cette personne n'est qu'un fatras d'irresponsabilité ou d'inconséquence ? N'a-t-elle pas d'autres qualités ? Vraiment ?

Et puis, est-ce qu'elle n'aurait pas, aussi, un peu de chance, finalement ? L'irresponsabilité, l'inconséquence, ça doit bien avoir quelques avantages. Par exemple : on gagne en rapidité car on ne doit pas réfléchir à l'avance à ce qui se passera après. Ou : on gagne en légèreté car on se déleste du poids des responsabilités. Ou encore : on a davantage le droit à l'erreur, ce qui est utile pour apprendre. Faites l'exercice de trouver cinq avantages en veillant à ne pas rester en mode automatique (c'est le cas quand vous vous dites : « Il faut vraiment être stupide pour être irresponsable » ou « C'est nul » ou encore « Je ne vois vraiment pas l'intérêt de trouver des avantages à quelque chose d'aussi lamentable »). Écrivez ces avantages avant de lire le paragraphe suivant.

Prenez le temps de vous poser quelques questions : d'où vous vient cette faculté de responsabilité ? Qui vous l'a apprise ? Qui vous a aidé à la développer ? En gros, dans ce processus, quelle chance avez-vous eue ? Et si la personne irresponsable et inconséquente à laquelle vous avez pensé n'avait pas eu cette chance ? Et si le seul exemple qu'elle avait eu sous les yeux, toute sa vie, était l'irresponsabilité ? Lui en voudriez-vous de ne pas être parvenue à mettre au point une stratégie identique à la vôtre ?

À la lumière de votre réflexion, faites le point sur ce que vous pensez de l'irresponsabilité et de l'inconséquence. Y êtes-vous toujours aussi réactif ? Pouvez-vous imaginer un monde où vous vivriez pleinement votre responsabilité sans vous sentir agressé par les personnes irresponsables ?

Deuxième place du Top 10 : la prétention

Vous ne supportez pas la prétention et les personnes qui prennent de haut ceux qui ont peu de moyens.

C'est normal, non ? Dans notre société, nous sommes tous égaux, n'est-ce pas ? Enfin, en théorie. Parce que, pour finir, certains le sont plus que d'autres, comme disait George Orwell dans *La Ferme des animaux*. Et ceux qui le sont plus, ils le font bien sentir aux autres, vous ne trouvez pas ? Le fils à papa, le premier de la classe, le chouchou, le bellâtre, l'intello, l'aristo, le nouveau riche (autres ?)... qui se pavanent, avec leurs airs supérieurs ! In-sup-por-tables ! Alors que vous, comme tous les enfants de 4 ans, quand vous avez dit que vous étiez le plus fort ou le plus rapide ou le plus beau ou le plus intelligent, il y avait toujours un adulte pour vous rappeler que vous n'étiez encore qu'un petit moucheron... Comment, dans un tel contexte, pouviez-vous éviter d'être influencé : la prétention, ce n'est pas bien, c'est nul, c'est moche ! Telle est, en substance, votre croyance.

A priori, vous êtes une personne qui tend à être modeste. Ce n'est pas toujours facile, n'est-ce pas ? Une telle valeur représente parfois un poids. Elle peut avoir des inconvénients. Être modeste, c'est, par exemple, faire preuve de retenue et ne jamais se mettre en avant même si on en ressent la nécessité. C'est trouver une explication extérieure (« J'ai eu de la chance ») alors qu'on a envie de raconter à quel point, à cet instant, on a été brillant. C'est se forcer à se mettre au niveau des gens alors qu'on préfère le confort de son monde à soi. Dans votre cas, quels seraient les inconvénients ? Prenez quelques instants pour en trouver cinq, même minimes, même légers.

Pensez à une personne que vous trouvez notoirement prétentieuse. Vous ressentez un peu de stress (énervement, agacement, par exemple) ? C'est normal, et c'est la preuve que vous fonctionnez en mode automatique... Cette personne, pourquoi trouvez-vous qu'elle prend les gens de haut, s'ils ont peu de moyens ? Quelles manières de penser, quels comportements vous agacent, vous énervent ? Dès que vous êtes agacé, énervé, n'avez-vous pas tendance à vous arrêter et à cataloguer cette personne, sans chercher à aller plus loin ? Êtes-vous sûr que cette personne n'est qu'un fatras de prétention ? N'a-t-elle pas d'autres qualités ? Vraiment ?

Et puis, est-ce qu'elle n'aurait pas, aussi, un peu de chance, finalement ? Être prétentieux, ça doit bien avoir quelques avantages. Par exemple : être content de qui on est, de ce qu'on fait. Ou : parvenir à exprimer des qualités, des émotions. Ou encore : prendre la place qu'on veut, quand on en a envie. Faites l'exercice de trouver cinq avantages en veillant à ne pas rester en mode automatique (c'est le cas quand vous vous dites : « Il faut vraiment manquer de lucidité pour être prétentieux » ou « C'est nul » ou encore « Je ne vois vraiment pas l'intérêt de trouver des avantages à quelque chose d'aussi lamentable »). Écrivez ces avantages avant de lire le paragraphe suivant.

Prenez le temps de vous poser quelques questions : d'où vous vient cette facilité de modestie ? Qui vous l'a apprise ? Qui vous a aidé à la développer ? En gros, dans ce processus, quelle chance avez-vous eue ? Et si la personne prétentieuse à laquelle vous avez pensé n'avait pas eu cette chance ? Et si le seul exemple qu'elle avait eu sous les yeux, toute sa vie, était la vantardise, la hauteur ? Lui en voudriez-vous de ne pas être parvenue à mettre au point une stratégie identique à la vôtre ?

À la lumière de votre réflexion, faites le point sur ce que vous pensez de la prétention et de la hauteur. Y êtes-vous toujours aussi réactif ? Pouvez-vous imaginer un monde où vous vivriez pleinement votre modestie sans vous sentir agressé par les personnes prétentieuses ?

Troisième place du Top 10 : l'échec

Vous ne supportez pas l'échec et les personnes qui ne réussissent pas.

C'est normal, non ? Dans notre société, seule la réussite est valorisée. De la première année de l'école primaire au crépuscule de sa carrière, on est mesuré à l'aune de la réussite. Il n'y a que les échecs qui se paient cash : redoublement, faillite, divorce... et puis, peu importe comment on réussit, pour peu qu'on réussisse : « Mieux vaut faire envie que pitié. » La télévision regorge de *« success stories »*. Et encore, nous nous limitons aux valeurs qui passent par notre société, en dehors de votre cercle familial, relationnel, professionnel... Dans un tel contexte, comment pourriez-vous éviter d'être influencé ? L'échec, c'est une abomination, une maladie contre laquelle il faut se prémunir. Au secours ! Telle est, en substance, votre croyance.

A priori, vous êtes une personne qui tend à réussir. Ce n'est pas toujours facile, n'est-ce pas ? Une valeur aussi forte représente parfois un poids. Elle peut avoir des inconvénients. Réussir, c'est, par exemple, être vigilant en permanence, sans répit. Autre exemple, c'est s'interdire le droit à l'erreur. Ou encore entrer dans le cercle vertueux du succès, avec sa loi du toujours plus, toujours mieux. Dans votre cas, quels en seraient les inconvénients ? Prenez quelques instants pour en trouver cinq, même minimes, même légers.

Pensez à une personne qui rate tout ce qu'elle entreprend ou accumule les échecs. Vous ressentez un peu de stress (énervement, agacement, par exemple) ? C'est normal, et c'est la preuve que vous fonctionnez en mode automatique... Quelles manières de penser, quels comportements de cette personne vous agacent, vous énervent ? Dès que vous êtes agacé, énervé, n'avez-vous pas tendance à vous arrêter et à cataloguer cette personne, sans chercher à aller plus loin ? Êtes-vous sûr que cette personne est uniquement le synonyme du mot « échec » ? N'a-t-elle pas d'autres qualités ? Vraiment ?

Et puis, est-ce qu'elle n'aurait pas, aussi, un peu de chance, finalement ? Échouer, ça doit bien avoir quelques avantages. Par exemple : on a la possibilité d'apprendre beaucoup de ses erreurs. Ou : on peut essayer plein de choses différentes sans avoir la pression de la réussite. Ou encore : c'est nettement plus facile, comme vie. Faites l'exercice de trouver cinq avantages en veillant à ne pas rester en mode automatique (c'est le cas quand vous vous dites : « Il faut vraiment être stupide pour avoir envie d'échouer » ou « C'est nul » ou encore « Je ne vois vraiment pas l'intérêt de trouver des avantages à quelque chose d'aussi lamentable »). Écrivez ces avantages avant de lire le paragraphe suivant.

Prenez le temps de vous poser quelques questions : d'où vous vient cette valorisation de la réussite ? Qui vous l'a apprise ? Qui vous a aidé à la développer ? En gros, dans ce processus, quelle chance avez-vous eue ? Et si la personne à laquelle vous avez pensé n'avait pas eu cette chance ? Et si le seul exemple qu'elle avait eu sous les yeux, toute sa vie, était l'échec ? Lui en voudriez-vous de ne pas être parvenue à mettre au point une stratégie identique à la vôtre ?

À la lumière de votre réflexion, faites le point sur ce que vous pensez de l'échec. Y êtes-vous toujours aussi réactif ? Pouvez-vous imaginer un monde où vous vivriez pleinement votre goût pour la réussite sans vous sentir agressé par les personnes qui échouent ?

Quatrième place du Top 10 : le gaspillage

Vous ne supportez pas le gaspillage et les personnes qui consomment inutilement sans compter.

C'est normal, non ? Dans notre société de consommation, on en arrive à des aberrations incroyables. On jette des stocks de nourriture pour de sombres questions de quotas. On utilise de l'eau potable pour remplir les chasses d'eau, on laisse les appareils électriques allumés 24 heures sur 24. On jette des habits au lieu de les repriser. Il est moins cher de racheter une nouvelle télévision, un nouveau lave-linge, que de faire réparer le précédent ! Les décharges dégorgent de choses qu'on aurait facilement pu retaper ! La société de consommation, c'est vraiment le règne du gaspi ! Et, plus on a de l'argent, plus on consomme sans réfléchir. C'est intolérable ! Et encore, nous nous limitons aux valeurs qui passent par notre société, en dehors de votre cercle familial, relationnel, professionnel... Comment, dans un tel contexte, pourriez-vous éviter d'être influencé : le gaspillage, ce n'est pas bien, c'est vraiment l'expression de l'étendue de la stupidité humaine ! Telle est, en substance, votre croyance.

A priori, vous êtes une personne qui tend à être économe. Ce n'est pas toujours facile, n'est-ce pas ? Une valeur aussi forte représente parfois un poids. Elle peut avoir des inconvénients. Être économe, c'est, par exemple, passer des heures à comparer les prix, les quantités. C'est, autre exemple, se forcer à manger plusieurs jours d'affilée les mêmes mets, afin de ne pas avoir à jeter un stock acheté à un bon prix. C'est, autre exemple, faire une croix sur la plupart des produits de luxe, par définition inutiles. Dans votre cas, quels seraient les inconvénients ? Prenez quelques instants pour en trouver cinq, même minimes, même légers. Écrivez ces avantages avant de lire le paragraphe suivant.

Pensez à une personne que vous trouvez notoirement gaspilleuse. Vous ressentez un peu de stress (énervement, agacement, par exemple) ? C'est normal, et c'est la preuve que vous fonctionnez en mode automatique... Cette personne, pourquoi trouvez-vous qu'elle gaspille ? Quelles manières de penser, quels comportements vous agacent, vous énervent ? Dès que vous êtes agacé, énervé, n'avez-vous pas tendance à vous arrêter et à cataloguer cette personne, sans chercher à aller plus loin ? Êtes-vous sûr que cette personne n'est qu'un monstre de gaspillage ? N'a-t-elle pas d'autres qualités ? Vraiment ?

Et puis, est-ce qu'elle n'aurait pas, aussi, un peu de chance, finalement ? Gaspiller, ça doit bien avoir quelques avantages. Par exemple : on n'est jamais obligé de finir son assiette. Ou : si on a envie de quelque chose, on l'achète, même si on l'a en double. Ou encore : on ne doit pas réfléchir quand on fait ses courses. Faites l'exercice de trouver cinq avantages supplémentaires en veillant à ne pas rester en mode automatique (c'est le cas quand vous vous dites : « Il faut vraiment être stupide pour gaspiller » ou « C'est nul » ou encore « Je ne vois vraiment pas l'intérêt de trouver des avantages à quelque chose d'aussi lamentable »). Écrivez ces avantages avant de lire le paragraphe suivant.

Prenez le temps de vous poser quelques questions : d'où vous vient cette faculté d'économie ? Qui vous l'a apprise ? Qui vous a aidé à la développer ? En gros, dans ce processus, quelle chance avez-vous eue ? Et si la personne prodigue à laquelle vous avez pensé n'avait pas eu cette chance ? Et si le seul exemple qu'elle avait eu sous les yeux, toute sa vie, était un énorme gaspillage ? Lui en voudriez-vous de ne pas être parvenue à mettre au point une stratégie identique à la vôtre ?

À la lumière de votre réflexion, faites le point sur ce que vous pensez du gaspillage. Y êtes-vous toujours aussi réactif ? Pouvez-vous imaginer un monde où vous vivriez pleinement votre valeur d'économie sans vous sentir agressé par les personnes qui gaspillent ?

Cinquième place du Top 10 : le ridicule

Vous ne supportez pas la naïveté et les personnes ridicules par manque de sens des situations sociales.

C'est normal, non ? Dans notre société, on apprend dès le plus jeune âge à se tenir en société. Les bonnes manières à table, les formules de politesse, la manière de se tenir, de s'habiller, les sujets de conversation qu'il vaut mieux ne pas aborder en société... tout cela s'apprend : il y a les comportements valorisés (et valorisants) et ceux qui ne le sont pas. Toute erreur est sanctionnée par le groupe : malpoli, mal élevé, ringard, coincé, idiot... l'homme est un loup pour l'homme. Et quand ce jugement tombe sur une personne naïve (« non initiée »), qui ne comprend pas ce qui lui arrive, c'est d'autant plus marquant. Et encore, nous nous limitons aux valeurs qui passent par notre société, en dehors de votre cercle familial, relationnel, professionnel... Comment, dans un tel contexte, pourriez-vous éviter d'être influencé : le ridicule, on a beau dire qu'il ne tue pas, ce n'est pas bien, c'est dangereux ! Telle est, en substance, votre croyance.

A priori, vous êtes une personne qui tend à être irréprochable en situation sociale. Ce n'est pas toujours facile, n'est-ce pas ? Une valeur aussi forte représente parfois un poids. Elle peut avoir des inconvénients. Être irréprochable, c'est, par exemple, passer trois quarts d'heure devant sa garde-robe pour dénicher « la » tenue qu'exige l'événement qui vous attend. Ou, autre exemple, c'est vérifier toutes les cinq minutes si l'on n'a pas été victime d'une tache, ou si la cravate est bien ajustée, le chignon bien en place... Ou encore, c'est éviter d'être trop spontané de peur de dire une bêtise et toujours laisser quelqu'un d'autre s'exprimer avant soi... Dans votre cas, quels seraient les inconvénients ? Prenez quelques instants pour en trouver cinq, même minimes, même légers.

Pensez à une personne que vous trouvez notoirement naïve et ridicule. Vous ressentez un peu de stress (énervement, agacement, par exemple) ? C'est normal, et c'est la preuve que vous fonctionnez en mode automatique... Cette personne, pourquoi la trouvez-vous ridicule ? Quelles manières de penser, quels comportements vous agacent, vous énervent ? Dès que vous êtes agacé, énervé, n'avez-vous pas tendance à vous arrêter et à cataloguer cette personne, sans chercher à aller plus loin ? Êtes-vous sûr que cette personne n'est qu'une montagne de naïveté ? N'a-t-elle pas d'autres qualités ? Vraiment ?

Et puis, est-ce qu'elle n'aurait pas, aussi, un peu de chance, finalement ? Être naïf, ça doit bien avoir quelques avantages. Par exemple : pouvoir conserver la liberté de s'habiller exactement comme on veut. Ou, autre exemple, se contenter de répondre : « Je ne savais pas » sans avoir à se justifier. Ou encore : ne pas devoir être sur ses gardes en permanence, de peur que quelqu'un remarque une faille dans votre tenue et l'exprime à haute voix. Faites l'exercice de trouver cinq avantages en veillant à ne pas rester en mode automatique (c'est le cas quand vous vous dites : « Il faut vraiment être stupide pour être ridicule, d'ailleurs, c'est carrément un pléonasme ! » ou « C'est nul » ou encore « Je ne vois vraiment pas l'intérêt de trouver des avantages à quelque chose d'aussi lamentable »). Écrivez ces avantages avant de lire le paragraphe suivant.

Prenez le temps de vous poser quelques questions : d'où vous vient cette faculté d'être irréprochable en toute circonstance ? Qui vous a appris l'art des situations sociales ? Qui vous a aidé à la développer ? En gros, dans ce processus, quelle chance avez-vous eue ? Et si la personne naïve et ridicule à laquelle vous avez pensé n'avait pas eu cette chance ? Et si le seul exemple qu'elle avait eu sous les yeux, toute sa vie, était des personnes dépourvues de ce sens, avec un mauvais goût inoxydable ? Lui en voudriez-vous de ne pas être parvenue à mettre au point une stratégie identique à la vôtre ?

À la lumière de votre réflexion, faites le point sur ce que vous pensez de la naïveté et du ridicule. Y êtes-vous toujours aussi réactif ? Pouvez-vous imaginer un monde où vous vivriez pleinement votre maîtrise des situations sociales sans vous sentir agressé par les personnes qui en sont dépourvues ?

Sixième place du Top 10 : la rigidité

Vous ne supportez pas la rigidité et les personnes qui pensent et s'expriment de façon rigide et tranchante.

C'est normal, non ? On vit en démocratie, n'est-ce pas ? La libre expression des idées en est un élément essentiel. On y apprend à laisser chacun s'exprimer et à tenir compte de son point de vue pour répondre. À être cool, ouvert, convivial pour vivre en groupe ou échanger. À ne pas couper la parole (surtout à un adulte, quand on est enfant). La rigidité, c'est un peu synonyme de dictature, non ? Comment, dans un tel contexte, pourriez-vous éviter d'être influencé : la « psychorigidité », ce n'est pas cool, c'est moche, très peu pour moi ! Telle est, en substance, votre croyance.

A priori, vous êtes une personne qui tend à s'exprimer avec ouverture et flexibilité. Ce n'est pas toujours facile, n'est-ce pas ? Une valeur aussi forte représente parfois un poids. Elle peut avoir des inconvénients. Être nuancé, c'est, par exemple, être obligé de maîtriser ses émotions. Ou, autre exemple, l'ouverture demande parfois un réel effort de volonté pour ne pas céder à l'intimidation. Ou encore : être flexible demande parfois de se remettre en question pour maintenir la relation. Dans votre cas, quels seraient les inconvénients ? Prenez quelques instants pour en trouver cinq, même minimes, même légers.

Pensez à une personne que vous trouvez notoirement rigide et tranchée. Vous ressentez un peu de stress (énervement, agacement, par exemple) ? C'est normal, et c'est la preuve que vous fonctionnez en mode automatique… Cette personne, pourquoi la trouvez-vous rigide ? Quelles manières de penser, quels comportements vous agacent, vous énervent ? Dès que vous êtes agacé, énervé, n'avez-vous pas tendance à vous arrêter et à cataloguer cette personne, sans chercher à aller plus loin ? Êtes-vous sûr que cette personne n'est qu'un amas de rigidité ? N'a-t-elle pas d'autres qualités ? Vraiment ?

Et puis, est-ce qu'elle n'aurait pas, aussi, un peu de chance, finalement ? Être rigide, ça doit bien avoir quelques avantages. Par exemple : on ne perd pas son temps à essayer de comprendre l'autre. Ou : on reste confortablement calé dans son point de vue. Ou encore : on a généralement le dernier mot, et les autres abdiquent. Faites l'exercice de trouver cinq avantages en veillant à ne pas rester en mode automatique (c'est le cas quand vous vous dites : « Il faut vraiment être stupide pour être rigide » ou « C'est nul » ou encore « Je ne vois vraiment pas l'intérêt de trouver des avantages à quelque chose d'aussi lamentable »). Écrivez ces avantages avant de lire le paragraphe suivant.

Prenez le temps de vous poser quelques questions : d'où vous vient cette facilité d'ouverture ? Qui vous l'a apprise ? Qui vous a aidé à la développer ? Comment êtes-vous parvenu à rester ouvert et flexible ? En gros, dans ce processus, quelle chance avez-vous eue ? Et si la personne rigide à laquelle vous avez pensé n'avait pas eu cette chance ? Et si le seul exemple qu'elle avait eu sous les yeux, toute sa vie, était la rigidité et l'absence de libre expression ? Lui en voudriez-vous de ne pas être parvenue à mettre au point une stratégie identique à la vôtre ?

À la lumière de votre réflexion, faites le point sur ce que vous pensez de la rigidité et de l'expression tranchée. Y êtes-vous toujours aussi réactif ? Pouvez-vous imaginer un monde où vous vivriez pleinement votre ouverture sans vous sentir agressé par les personnes rigides ?

Septième place du Top 10 : l'inefficacité

Vous ne supportez pas l'inefficacité et les personnes qui perdent du temps par inefficacité.

C'est normal, non ? Dans notre société, l'inefficacité coûte cher : le temps, c'est de l'argent. Être efficace n'est plus un « must », c'est une nécessité pour qui souhaite s'épanouir professionnellement, vivre une vie relationnelle enrichissante, fonder un foyer et offrir le meilleur à ses enfants... Il faut être partout, tout le temps. Chaque minute compte, et le rythme de la vie n'a peut-être jamais été aussi élevé. Pour performer, il faut être précis, incisif, sans état d'âme. Il faut être efficace. Voici ce que véhicule notre société, en dehors de votre cercle familial, relationnel, professionnel... Comment, dans un tel contexte, pourriez-vous éviter d'être influencé : l'inefficacité, c'est nul, ça craint, ça fiche la pagaille ! Telle est, en substance, votre croyance.

A priori, vous êtes une personne qui tend à être efficace. Ce n'est pas toujours facile, n'est-ce pas ? Une valeur aussi forte représente parfois un poids. Elle peut avoir des inconvénients. Être efficace, c'est, par exemple, se mettre sous pression pour orienter tous nos actes vers la rentabilité. C'est, encore, être obligé de jongler en permanence entre vie familiale, professionnelle, sociale. Ou encore : c'est ne pas avoir droit à l'erreur. Dans votre cas, quels seraient les inconvénients de l'efficacité ? Prenez quelques instants pour en trouver cinq, même minimes, même légers.

Pensez à une personne que vous trouvez notoirement inefficace. Vous ressentez un peu de stress (énervement, agacement, par exemple) ? C'est normal, et c'est la preuve que vous fonctionnez en mode automatique... Cette personne, pourquoi la trouvez-vous inefficace ? Quelles manières de penser, quels comportements vous agacent, vous énervent ? Dès que vous êtes agacé, énervé, n'avez-vous pas tendance à vous arrêter et à cataloguer cette personne, sans chercher à aller plus loin ? Êtes-vous sûr que cette personne n'est que « le summum de l'inefficacité » ? N'a-t-elle pas d'autres qualités ? Vraiment ?

Et puis, est-ce qu'elle n'aurait pas, aussi, un peu de chance, finalement ? L'inefficacité, ça doit bien avoir quelques avantages. Par exemple : en général, les autres évitent de vous charger de missions supplémentaires. Ou : n'ayant pas la pression du résultat, on prend plus de plaisir à faire les choses. Ou encore : on peut prendre le temps de flâner. Faites l'exercice de trouver cinq avantages en veillant à ne pas rester en mode automatique (c'est le cas quand vous vous dites : « Il faut vraiment être stupide pour être inefficace » ou « C'est nul » ou encore « Je ne vois vraiment pas l'intérêt de trouver des avantages à quelque chose d'aussi lamentable »). Écrivez ces avantages avant de lire le paragraphe suivant.

Prenez le temps de vous poser quelques questions : d'où vous vient cette facilité pour l'efficacité ? Qui vous l'a apprise ? Qui vous a aidé à la développer ? En gros, dans ce processus, quelle chance avez-vous eue ? Et si la personne inefficace à laquelle vous avez pensé n'avait pas eu cette chance ? Et si le seul exemple qu'elle avait eu sous les yeux, toute sa vie, était l'inefficacité ? Lui en voudriez-vous de ne pas être parvenue à mettre au point une stratégie identique à la vôtre ?

À la lumière de votre réflexion, faites le point sur ce que vous pensez de l'inefficacité et de la perte de temps. Y êtes-vous toujours aussi réactif ? Pouvez-vous imaginer un monde où vous vivriez pleinement votre efficacité sans vous sentir agressé par les personnes inefficaces ?

Huitième place du Top 10 : la banalité

Vous ne supportez pas la banalité et les personnes sans originalité.

C'est normal, non ? Dans notre société, être banal, c'est passer inaperçu, c'est être inexistant. « Soyez créatifs. » Pour être vu, il faut surprendre. Pour trouver un emploi, il faut sortir du lot, éviter d'être un « mouton ». Vivre pour faire ce que tout le monde fait, franchement, ça ne vaut pas le coup. Personne ne retient une phrase quelconque. Pour qu'on se souvienne de vous, pour avoir le sentiment d'exister, pour marquer les esprits, il n'y a pas d'autre issue que d'être original. Et encore, nous nous limitons aux valeurs qui passent par notre société, en dehors de votre cercle familial, relationnel, professionnel… Comment, dans un tel contexte, pourriez-vous éviter d'être influencé : la banalité, ce n'est pas fun, c'est nul, quelle plaie ! Telle est, en substance, votre croyance.

A priori, vous êtes une personne qui tend à être originale. Ce n'est pas toujours facile, n'est-ce pas ? Une valeur aussi forte représente parfois un poids. Elle peut avoir des inconvénients. Être original, c'est, par exemple, devoir se décarcasser pour dénicher de l'inédit. Autre exemple, c'est prendre le risque d'être ridicule si notre démarche est mal perçue. Ou ça pousse à vivre au-dessus de ses moyens. Dans votre cas, quels seraient les inconvénients ? Prenez quelques instants pour en trouver cinq, même minimes, même légers.

Pensez à une personne que vous trouvez notoirement banale. Vous ressentez un peu de stress (énervement, agacement, par exemple) ? C'est normal, et c'est la preuve que vous fonctionnez en mode automatique… Cette personne, pourquoi la trouvez-vous banale ? Quelles manières de penser, quels comportements vous agacent, vous énervent ? Dès que vous êtes agacé, énervé, n'avez-vous pas tendance à vous arrêter et à cataloguer cette personne, sans chercher à aller plus loin ? Êtes-vous sûr que cette personne n'est qu'un fatras de banalité ? N'a-t-elle pas d'autres qualités ? Vraiment ?

Et puis, est-ce qu'elle n'aurait pas, aussi, un peu de chance, finalement ? Être banal, ça doit bien avoir quelques avantages. Par exemple : on n'est pas exposé aux réactions instinctives de répulsion. Ou : on ne suscite pas la jalousie. Ou encore : on peut vivre heureux en restant caché. Faites l'exercice de trouver cinq avantages en veillant à ne pas rester en mode automatique (c'est le cas quand vous vous dites : « Il faut vraiment être stupide pour être banal » ou « C'est nul » ou encore « Je ne vois vraiment pas l'intérêt de trouver des avantages à quelque chose d'aussi lamentable »). Écrivez ces avantages avant de lire le paragraphe suivant.

Prenez le temps de vous poser quelques questions : d'où vous vient cette facilité à être original ? Qui vous l'a apprise ? Qui vous a aidé à la développer ? En gros, dans ce processus, quelle chance avez-vous eue ? Et si la personne banale à laquelle vous avez pensé n'avait pas eu cette chance ? Et si le seul exemple qu'elle avait eu sous les yeux, toute sa vie, était d'une « affligeante » banalité ? Lui en voudriez-vous de ne pas être parvenue à mettre au point une stratégie identique à la vôtre ?

À la lumière de votre réflexion, faites le point sur ce que vous pensez de la banalité. Y êtes-vous toujours aussi réactif ? Pouvez-vous imaginer un monde où vous vivriez pleinement votre originalité sans vous sentir agressé par les personnes qui en sont dépourvues ?

Neuvième place du Top 10 : la bêtise

Vous ne supportez pas de devoir agir sans comprendre, et les personnes qui ne cherchent pas à comprendre avant d'agir.

C'est normal, non ? Dans notre société, on explique aux petits enfants pourquoi il faut se brosser les dents ou se tenir correctement à table. Au lycée, on explique pourquoi « le carré de l'hypoténuse est égal à la somme des carrés des deux autres côtés ». Par la suite, on développe le libre arbitre, considéré comme un plus irremplaçable. Et on parle beaucoup du sens des choses. On est poussé en permanence à comprendre ce que l'on fait et pourquoi on le fait. Ceux qui agissent sans comprendre, ce sont les sous-fifres, les subalternes au travail répétitif ou les exécutants qui font ce qu'on leur dit de faire sans (se) poser la moindre question. Et encore, nous nous limitons aux valeurs qui passent par notre société, en dehors de votre cercle familial, relationnel, professionnel... Comment, dans un tel contexte, pourriez-vous éviter d'être influencé : agir sans comprendre, c'est vraiment n'importe quoi, très peu pour moi ! Telle est, en substance, votre croyance.

A priori, vous êtes une personne qui tend à réfléchir avant d'agir, à toujours vouloir savoir « pourquoi » les choses sont ce qu'elles sont, à vouloir comprendre tout l'environnement dans lequel vous évoluez. Ce n'est pas toujours facile, n'est-ce pas ? Une telle valeur représente parfois un poids. Elle peut avoir des inconvénients. Vouloir comprendre pour agir, c'est, par exemple, prendre le risque de ne pas parvenir à comprendre. C'est parfois, autre exemple, se faire doubler par d'autres qui n'ont pas cette préoccupation et foncent tête baissée. Ou encore, c'est se contraindre à apprendre toujours, ce qui est usant, à la longue. Dans votre cas, quels seraient les inconvénients ? Prenez quelques instants pour en trouver cinq, même minimes, même légers.

Pensez à une personne qui, selon vous, ne cherche généralement pas à comprendre avant de passer à l'action. Vous ressentez un peu de stress (énervement, agacement, par exemple) ? C'est normal, et c'est la preuve que vous fonctionnez en mode automatique... Cette personne, pourquoi la trouvez-vous irréfléchie ? Quelles manières de penser, quels comportements vous agacent, vous énervent ? Dès que vous êtes agacé, énervé, n'avez-vous pas tendance à vous arrêter et à cataloguer cette personne, sans chercher à aller plus loin ? Êtes-vous sûr que cette personne n'est qu'une succession d'actions irréfléchies ? N'a-t-elle pas d'autres qualités ? Vraiment ?

Et puis, est-ce qu'elle n'aurait pas, aussi, un peu de chance, finalement ? Ne pas réfléchir avant d'agir, ça doit bien avoir quelques avantages. Par exemple : gagner du temps. Ou, autre exemple, « ne pas se prendre la tête ». Ou encore : se fier à son intuition. Faites l'exercice de trouver cinq avantages en veillant à ne pas rester en mode automatique (c'est le cas quand vous vous dites : « Il faut vraiment être stupide pour agir sans comprendre » ou « C'est nul » ou encore « Je ne vois vraiment pas l'intérêt de trouver des avantages à quelque chose d'aussi lamentable »). Écrivez ces avantages avant de lire le paragraphe suivant.

Prenez le temps de vous poser quelques questions : d'où vous vient cette faculté de réflexion avant l'action ? Qui vous l'a apprise ? Qui vous a aidé à la développer ? En gros, dans ce processus, quelle chance avez-vous eue ? Et si la personne dépourvue de cette envie de comprendre avant d'agir, à laquelle vous avez pensé, n'avait pas eu cette chance ? Et si le seul exemple qu'elle avait eu sous les yeux, toute sa vie, était que les gens foncent tête baissée ? Lui en voudriez-vous de ne pas être parvenue à mettre au point une stratégie identique à la vôtre ?

À la lumière de votre réflexion, faites le point sur ce que vous pensez du fait d'agir sans comprendre. Y êtes-vous toujours aussi réactif ? Pouvez-vous imaginer un monde où vous vivriez pleinement votre capacité à comprendre le sens de vos actions sans vous sentir agressé par les personnes qui ne l'ont pas ?

Dixième place du Top 10 : l'impolitesse

Vous ne supportez pas de devoir agir sans tact, ni les personnes qui manquent de tact vis-à-vis des autres.

C'est normal, non ? Dans notre société, on apprend les bonnes manières dès le plus jeune âge. Les adultes que l'on dérange avec maladresse ou lourdeur ont vite fait de nous en faire le reproche. Manquer de tact, c'est souvent s'exposer à une réaction peu aimable. Être impoli, grossier, vulgaire ou manquer de diplomatie est généralement mal vu. Et encore, nous nous limitons aux valeurs qui passent par notre société, en dehors de votre cercle familial, relationnel, professionnel... Comment, dans un tel contexte, pourriez-vous éviter d'être influencé : le manque de tact, ce n'est pas bien, c'est honteux, c'est le signe d'un manque flagrant d'éducation ! Telle est, en substance, votre croyance.

A priori, vous êtes une personne attentive à aborder les autres avec tact. Ce n'est pas toujours facile, n'est-ce pas ? Une telle valeur représente parfois un poids. Elle peut avoir des inconvénients. Faire preuve de politesse, c'est, par exemple, devoir réprimer certaines pulsions pour faire bonne figure en toute circonstance. Ou, autre exemple, c'est devoir se surveiller en permanence. Ou encore : c'est être au-dessus de la mêlée. Dans votre cas, quels seraient les inconvénients ? Prenez quelques instants pour en trouver cinq, même minimes, même légers.

Pensez à une personne qui, selon vous, manque notoirement de tact. Vous ressentez un peu de stress (énervement, agacement, par exemple) ? C'est normal, et c'est la preuve que vous fonctionnez en mode automatique... Cette personne, pourquoi trouvez-vous qu'elle manque de tact ? Quelles manières de penser, quels comportements vous agacent, vous irritent ? Dès que vous êtes agacé, énervé, n'avez-vous pas tendance à vous arrêter et à cataloguer cette personne, sans chercher à aller plus loin ? Êtes-vous sûr que cette personne n'est qu'une succession d'occasions manquées de faire preuve de tact ? N'a-t-elle pas d'autres qualités ? Vraiment ?

Et puis, est-ce qu'elle n'aurait pas, aussi, un peu de chance, finalement ? Ne pas se soucier du tact, ça doit bien avoir quelques avantages. Par exemple : se lâcher de temps à autre. Ou : ne pas subir la pression sociale. Ou encore : faire ce qu'on veut, comme on veut. Faites l'exercice de trouver cinq avantages en veillant à ne pas rester en mode automatique (c'est le cas quand vous vous dites : « Il faut vraiment être stupide pour manquer de tact » ou « C'est nul » ou encore « Je ne vois vraiment pas l'intérêt de trouver des avantages à quelque chose d'aussi lamentable »). Écrivez ces avantages avant de lire le paragraphe suivant.

Prenez le temps de vous poser quelques questions : d'où vous vient votre politesse ? Qui vous l'a apprise ? Qui vous a aidé à la développer ? En gros, dans ce processus, quelle chance avez-vous eue ? Et si la personne dépourvue de tact à laquelle vous avez pensé n'avait pas eu cette chance ? Et si le seul exemple qu'elle avait eu sous les yeux, toute sa vie, était la grossièreté, la vulgarité, le manque de diplomatie, de tact ? Lui en voudriez-vous de ne pas être parvenue à mettre au point une stratégie identique à la vôtre ?

À la lumière de votre réflexion, faites le point sur ce que vous pensez de ceux qui manquent de tact. Y êtes-vous toujours aussi réactif ? Pouvez-vous imaginer un monde où vous utiliseriez pleinement votre tact sans vous sentir agressé par ceux qui en manquent ?

Les conseils du coach

Éliminez les antivaleurs « solitaires »

Nous l'avons vu, les antivaleurs sont la conséquence d'apprentissages. Dans le cas du petit Samuel qui aime l'ordre (voir p. 67), l'antivaleur « je ne supporte pas le désordre » vient interférer avec sa réceptivité initiale. Il la vit donc comme une contrainte interne, imbriquée dans sa valeur initiale d'ordre. Dans le cas du petit Lou, plutôt peu réceptif à l'ordre, l'antivaleur « je ne supporte pas le désordre » se greffe sur un terrain vierge. Il la vit donc comme une contrainte externe. Des deux, c'est Lou qui aura le plus de facilité à se débarrasser de l'antivaleur. En d'autres termes, il vous sera plus facile de vous débarrasser des choses que vous avez apprises alors qu'elles ne font pas partie de vos comportements ou centres d'intérêt spontanés. En caricaturant, il vous suffirait de vous demander : « Pourquoi est-ce que je m'ennuie avec ça, encore ? » pour les réduire considérablement.

Attention aux mécanismes de défense du mode automatique

Outre ces mécanismes de conditionnement, l'être humain a tendance à renforcer la programmation de ses certitudes en induisant ce qu'il croit constater. Il aborde certaines situations avec un état d'esprit inadapté, ce qui ne fait qu'accumuler les échecs et renforcer le sentiment d'universalité de l'expérience (« c'est toujours comme ça que ça se passe »).

Partons d'un exemple : vous habitez en appartement, et votre voisin fait trop de bruit. Vous trouvez que c'est un « mauvais coucheur ». Six mois plus tôt, il vous avait claqué la porte au nez lorsque vous étiez venu lui demander de baisser le volume. Cela vous avait mis en colère (stress de lutte, pour rappel). Cette fois, vous frappez fermement à sa porte. Votre stress monte déjà. Vous êtes prêt à en découdre. Dès qu'il ouvre la porte, vous éructez : « C'est bientôt fini, ce vacarme ? » Son sourire s'efface. Il vous toise et referme tranquillement la porte. Résultat : vous confirmez que c'est un mauvais coucheur. Et vous trouvez les raisons : il est gros (ou fin), moustachu (ou trop bien rasé)... En tout cas, c'est un « imbécile »... Mais en regardant la situation avec un peu de recul, êtes-vous sûr que le mauvais coucheur, ce coup-ci, ce n'est pas vous ?

Ce type de situation arrive lorsque les certitudes sont bien ancrées. Le mode automatique « pseudo-vérifie » qu'il a raison. Il cherche à protéger vos croyances pour que vous ne les remettiez pas en question. Il vous pousse à plaquer des explications ou justifications logiques, rationnelles et réfléchies sur elles.

Soyez persévérant

Le conditionnement est un mécanisme dépendant de territoires du cerveau conçus pour s'adapter, à l'origine, au monde sauvage. Il faut beaucoup de succès quotidiens pour qu'un animal y survive alors qu'un seul échec peut être fatal. L'échec d'une stratégie est donc nettement plus programmant que la réussite d'une stratégie. Il s'imprime avec davantage d'acuité : il suffit d'un choc émotionnel (une remarque humiliante bien sentie, une colère, une gifle) associé à un comportement de prétention, par exemple, pour devenir intolérant à la prétention. Et ce, durablement. Il faudra ensuite beaucoup de patience et de répétition pour reprogrammer le comportement de manière positive et se dire que non, finalement, être ouvert à la prétention ne présente aucun risque. Quant à apprécier la prétention, voire en faire preuve... ce serait le résultat d'un processus plus long et plus complexe, puisqu'il faudrait parvenir à transformer une émotion négative en émotion purement positive, voire même être capable de la reproduire, de manière comportementale.

Allez plus loin

« Être ouvert » à la prétention, par exemple, ne signifie pas « pouvoir faire preuve de » prétention. Dans cet ouvrage sur le stress, on reste dans le domaine des mécanismes de la pensée : on s'intéresse à l'aspect cognitif des choses, et à l'adhésion cognitive à l'antivaleur (qui rend « intellectuellement » intolérant). C'est ce qui vous rend réactif à la prétention d'autrui, ce qui touche à votre système de valeur : « C'est nul, c'est moche ! »

Dans cet ouvrage, on ne s'intéresse pas à l'aspect comportemental des choses, à ce qui vous empêche d'être vous-même prétentieux, même si le contexte s'y prête (rôle de théâtre, soirée « mime » entre amis...). La problématique est très différente, et d'autres mécanismes sont impliqués dans le blocage comportemental. Si, à l'époque, vous avez été prétentieux en public et que vous vous êtes senti rejeté, ridiculisé par une personne ou l'ensemble du groupe, l'impact émotionnel est intense et peut entraîner un blocage comportemental. Être prétentieux devient alors tabou pour vous. Par la suite, vous éviterez automatiquement toute situation où vous pourriez être taxé de « prétentieux ». C'est inconscient, mais durablement efficace et peut être traité par d'autres méthodes. Contactez à ce sujet un coach ou un thérapeute formé à l'INC (faites une recherche sur le site de l'Institute of Neurocognitivism, www.neuro-cognitivism.com).

Rappelez-vous : vos croyances sont fondamentalement irrationnelles car d'origine conditionnée, donc automatique.

En résumé

Certaines situations gâchettes déclenchent systématiquement en vous une réaction de stress due au fait que vous êtes confronté à l'une de vos intolérances.

Ces intolérances sont des vestiges de vos apprentissages. Le mode automatique mémorise l'expérience, puis l'associe à une émotion de plaisir ou de déplaisir. Ce faisant, il génère des conditionnements, qu'il stocke dans sa « banque d'expériences ». Il établit ensuite des « vérités », des croyances, qui influencent vos comportements au quotidien. Elles vous incitent à reproduire ce que vous avez enregistré comme vous étant profitable et à éviter ce que vous avez enregistré comme vous étant nuisible. Vous pouvez y devenir intolérant.

Lorsque vous rencontrez des individus qui ne partagent pas vos croyances, ils peuvent raviver une intolérance. C'est la situation gâchette. Le stress vous signale que vous feriez mieux de passer en mode adaptatif... Car dès qu'un conditionnement entre en jeu, c'est bien le mode automatique qui est aux commandes de vos réactions.

5

Pour déstresser, donnez-vous les moyens de vos ambitions

L'auto-stress

Mon PROFIL face au stress

Votre nom

Mon stress	/10
Fuite (anxiété)	2
Lutte (énervement)	5
Inhibition (découragement)	9
Niveau d'effet du stress sur ma santé	7
Score Stress	**5,75**

Mon état d'esprit	Habituel	Face à une difficulté	Moyenne
Curiosité	6	2	4
Acceptation de la réalité	5	5	5
Nuance dans les représentations	7	3	5
Relativité	9	1	5
Réflexion logique	3	7	5
Opinion personnelle	8	2	5
Score moyen	**6,3**	**3,3**	**4,9**

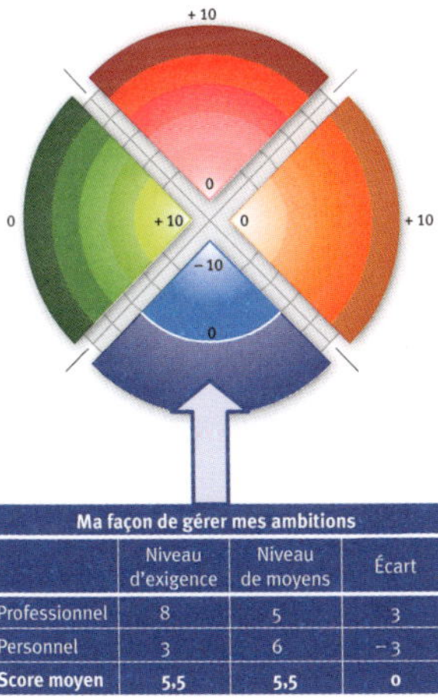

Mes situations « gâchettes »	
Irresponsabilité	2
Prétention	10
Échec	8
Gaspillage	4
Naïveté	6
Rigidité	2
Inefficacité	5
Banalité	1
Agir sans réfléchir	2
Agir sans tact	8
Score	**4,8**

Ma façon de gérer mes ambitions	Niveau d'exigence	Niveau de moyens	Écart
Professionnel	8	5	3
Personnel	3	6	– 3
Score moyen	**5,5**	**5,5**	**0**

EYROLLES

Un questionnaire IME/INC

Atteindre ses objectifs en toute sérénité

Dans la première section de ce livre, nous avons vu comment lire votre stress. Dans la deuxième, comment décrocher de ce dernier, à chaud, en activant votre mode adaptatif. Dans la troisième, comment mieux aborder les situations ponctuelles qui, systématiquement, génèrent du stress. Dans cette dernière section, nous nous pencherons sur la source et l'impact du stress dans le cadre de vos projets, qu'ils s'inscrivent sur le court ou le long terme.

Un projet est, par définition, une projection dans le futur, une vision actuelle de ce que vous voudriez, plus tard, faire ou avoir fait, être ou avoir été, vivre ou avoir vécu. Pour que cette vision devienne réalité, vous devrez gérer votre projet (à moins qu'il ne dépende pas de vous ou qu'il suffise d'attendre). Si l'on envisage la conduite d'un projet sous l'angle des modes mentaux, on constate que l'utilisation du mode adaptatif durant chaque étape clé est un facteur de succès essentiel. La nature même du projet, à savoir la projection dans le futur, ne peut être gérée par le mode automatique, qui vit en permanence dans le présent, l'action à accomplir, de manière séquentielle (une à la fois, même si elles s'enchaînent rapidement).

Intérêt du mode adaptatif dans les principales étapes de la conduite d'un projet :

- étape 1 : **définir** le plus précisément possible **l'objectif** de votre projet. Cela demande, en particulier, de l'individualisation (c'est *votre* projet, et l'aligner sur le regard des autres, ce qui est acceptable par eux, ce qu'ils vous influencent à entreprendre, parfois contre votre intime conviction, équivaut parfois à le rendre moins attractif pour vous, voire uniquement contraignant... or, si vous n'y adhérez pas, vous limitez fortement vos chances de succès) ;
- étape 2 : **faire un état des lieux** de la situation actuelle, à commencer par l'inventaire des moyens que vous avez à votre disposition pour parvenir au résultat espéré. Ici, la curiosité est aux avant-postes. Il s'agit de ne rien oublier, même ce qui est « invisible » de prime abord, et d'aller voir plus loin pour rassembler tous les éléments de l'inventaire ;
- étape 3 : **élaborer une stratégie** pour parvenir à atteindre cet objectif requiert particulièrement de la réflexion, de

la logique afin de cerner les relations de cause à effet (si je fais ceci, il se passera cela, alors je devrais accomplir l'action X). Faire preuve de nuance sera également bienvenu ;

- étape 4 : **prendre des décisions** à la lumière de vos objectifs et de vos moyens implique de prendre du recul et de ne pas rester le nez dans le guidon, puis de réfléchir sur le bien-fondé de la décision par rapport aux objectifs ;
- étape 5 : **mettre en place une succession d'actions** et les accomplir peut être davantage confié au mode automatique, à la condition de ne pas lui laisser la main dès que vous ressentez du stress. Par ailleurs, le mode adaptatif s'avère utile au cœur de chaque action ;
- étape 6 : **faire des points intermédiaires** : en fonction des événements, vous devrez peut-être réévaluer la situation, faire un nouvel état des lieux, changer d'opinion et modifier vos décisions, ce qui a un impact sur les actions à entreprendre. Ceci demande de pouvoir accepter la réalité, s'adapter aux circonstances, prendre du recul et relativiser, de s'individualiser lorsqu'il faut changer son fusil d'épaule, même si d'autres ont un avis contraire.

Deux éléments cruciaux

Tous les romanciers vous le diront, les premières pages d'un livre sont cruciales. Elles posent le cadre de l'intrigue et déterminent les principales caractéristiques des personnages, qui ne changeront pas au fil du récit. La suite ressemble à un entonnoir : tout ce qui est écrit, toutes les actions entreprises par les protagonistes mènent inexorablement vers le dénouement. Rien de ce qui est écrit n'est dû au hasard, et chaque chapitre clôture un épisode sur lequel on ne reviendra plus... et qui oriente la suite de l'histoire.

Il en va de même dans la conduite d'un projet. L'objectif, c'est le dénouement de l'intrigue. L'état des lieux initial, c'est le cadre, les protagonistes. Ils orientent la suite du projet : toute la stratégie, toutes les décisions, toutes les actions découlent de l'objectif fixé (et de son ambition) et des moyens dont on dispose pour l'atteindre.

Exemples

À votre avis, laquelle de ces deux situations a le plus de chances de se terminer en « happy end » ? Laquelle sera davantage source de stress si l'objectif vous était imposé ?

- Vous poursuivez l'objectif de remplir en dix minutes une baignoire scellée dans un bloc de béton. Les seuls moyens dont vous disposez sont un ruisseau qui passe à cent mètres et, en l'absence de récipient, vos mains.
- Vous poursuivez l'objectif de remplir en dix minutes une baignoire scellée dans un bloc de béton. Vous disposez de deux seaux de dix litres, que vous pouvez remplir à un robinet situé à quelques mètres, dont le débit est celui d'une pompe à essence.

A priori, la première situation est davantage source de stress. On peut donc en déduire que, à objectif égal, on se sent plus à l'aise quand on a davantage de moyens d'atteindre ses objectifs.

À votre avis, laquelle de ces deux situations a le plus de chances de se terminer en « happy end » ? Laquelle sera davantage source de stress si l'objectif vous était imposé ?

- Votre patron fait déposer sur votre bureau une vieille boîte en carton d'un demi-mètre cube débordant de papiers jaunis, oubliés dans la cave de l'entreprise depuis dix ans. Il vous demande de les trier par type, par sous-catégorie et par date. Ensuite, vous devrez les scanner et les archiver en respectant les mêmes critères. Il vous donne une journée pour le faire seul, en plus de vos tâches habituelles.
- Votre patron fait déposer sur votre bureau une vieille boîte en carton d'un demi-mètre cube débordant de papiers jaunis, oubliés dans la cave de l'entreprise depuis dix ans. Il vous demande de les trier par type et de les empiler par ordre chronologique. Il vous donne un mois pour le faire seul, en plus de vos tâches habituelles.

A priori, la première situation est davantage source de stress. On peut donc en déduire que, à moyens égaux, on se sent plus à l'aise quand l'objectif est moins ambitieux (ou contraignant).

Ces deux situations s'inscrivent dans le cadre de « projets » à court terme, imaginés pour illustrer notre propos. Mais la démarche s'étend sans difficulté aux projets plus ambitieux ou à plus long terme, comme nous le verrons plus loin.

Définir vos ambitions n'est pas succomber à vos désirs

L'ambition dépend uniquement de l'idée que l'on a de la projection dans le futur. C'est notre objectif, qui peut aller de « modeste » à « très ambitieux ». On peut ambitionner de devenir une rock star mondialement célèbre.

- Cette ambition est relativement « modeste » si l'on est membre d'un groupe ayant une célébrité continentale, si l'on a l'art de croiser les bonnes personnes au bon moment et un concept prometteur et innovant.
- Cette ambition est relativement « réaliste » si l'on est virtuose de la guitare depuis l'enfance et qu'on a des relations dans le monde du show-biz.
- Cette ambition est élevée si, à 18 ans, on n'a jamais chanté ailleurs que sous la douche.
- Cette ambition est démesurée si, après quelques cours, à 25 ans, on s'aperçoit que l'on n'a pas du tout l'oreille musicale.

Soulignons que l'ambition n'est pas, en soi, un souci. C'est l'état d'esprit avec laquelle on la considère qui peut apporter du stress de manière chronique tout au long du projet. Si cette ambition est une vision idéale, voire idyllique, vers laquelle on tend mais qui ne constitue pas une condition *sine qua non,* alors on peut ambitionner de devenir le premier homme à marcher sur Jupiter : viser le sommet de la montagne permet à l'ambitieux d'arriver à son pied... et de profiter des verts pâturages ! Dans ce cadre, la personne s'adapte à la réalité et ne ressent pas de stress.

Par contre, quand l'ambition présente un caractère absolu, c'est une tout autre affaire. Si elle est non négociable et représente une condition *sine qua non* (« Il faut que je gagne ce match, coûte que coûte, face à cet adversaire réputé moins fort que moi » ; « Je dois décrocher cet emploi, ma sécurité financière en dépend » ; « Je dois gravir cette montagne dans les dix jours, sinon mon patron me vire »), elle devient une exigence qui tend à créer une pression psychologique improductive.

L'apparition du stress indique que l'ambition personnelle n'est pas aussi construite qu'elle pourrait en avoir l'air ; elle peut cacher l'expression d'un désir ou l'intériorisation d'exigences externes :

- on désire gagner, décrocher le job, gravir la montagne... Mais le désir étant, sous toutes ses formes (envie profonde, désir ardent, pensée positive, volontarisme, acte de foi...), une émotion, il appartient, par définition, au mode automatique ;
- l'ambition peut également être l'intériorisation d'exigences externes (« Il m'est interdit d'échouer »), auquel cas la pression psychologique n'est que la traduction d'une pression sociale, à laquelle réagit systématiquement la dimension « individualisation » du mode adaptatif.

Dans ces perspectives purement émotionnelles, on devient rigide, on n'a plus de recul, on se focalise sur le seul objectif et on n'est plus ouvert à autre chose, on n'accepte pas que ça ne se passe pas comme escompté, on devient hypersensible au regard de l'autre... Reconnaissez-vous ces caractéristiques, spécificités du mode automatique ? Le mode adaptatif détectant l'anomalie, il envoie son signal d'alarme, sous la forme de stress, qui indique : « Vous faites fausse route »... Pas étonnant, dès lors, que l'énervement, l'agacement, le découragement s'en mêlent, et vous rendent encore moins capable d'atteindre l'objectif.

- Si la situation est précaire, l'ambition ne fait que l'aggraver, au lieu de la résoudre ; se mettre sous pression ne change objectivement rien aux enjeux.
- Si la situation est désespérée, elle le restera, le stress en plus... et l'inefficacité par-dessus le marché pourrait entraîner l'échec alors qu'il était encore temps d'agir avec calme.

L'ambition d'un projet va *a contrario* de cette tendance (et donc du stress). C'est une projection qui tient compte des étapes qui la suivront et accepte de s'y adapter. Elle appartient au monde du mode adaptatif et se construit donc avec raison, pas dans l'émotion. En anticipant, pas en fonçant tête baissée. En construisant un plan d'action, pas en avançant au petit bonheur la chance. En mobilisant tous les moyens nécessaires à la mesure du projet, pas en se retrouvant coincé au milieu du chemin à se demander ce qu'il manque pour franchir l'obstacle en cours...

Définir nos moyens

Par « moyens », nous entendons généralement les « moyens matériels et humains mis en œuvre par l'entreprise », au centre desquels vous vous situez. En l'occurrence, nous ne partageons pas cette définition. Par « moyens », nous entendons tous les moyens dont vous disposez directement et de manière individuelle pour agir.

Ce sont :

- vos compétences ;
- le matériel à votre disposition ;
- le temps disponible.

On peut y ajouter l'équipe que vous dirigez... avec des réserves puisque, dans ce cas, vous ne disposez pas directement de leurs compétences, de leur matériel, de leur temps...

Dans le cas où, dans l'entreprise, par exemple, on doit satisfaire une exigence objective formulée par un tiers (client ou actionnaire, manager...), on gagne à évaluer personnellement les moyens qui sont fournis par les autres (l'entreprise). À ces moyens-là s'ajoutent ceux que l'on peut éventuellement négocier en défendant les enjeux du projet et enfin ceux que l'on tire de son propre engagement.

Rééquilibrer la pyramide exigences/moyens

Définir des exigences personnelles élevées, voire démesurées... et ne pas disposer des moyens pour les atteindre peut être schématiquement représenté par une pyramide en équilibre instable sur sa pointe. Même visuellement, on s'aperçoit que le projet peut capoter à tout instant. Pour donner davantage d'assise et d'équilibre au projet, vous pouvez jouer sur chacun de ces deux facteurs :

- en vous donnant tous les moyens adéquats pour élargir votre base de moyens en mettant en place davantage de moyens personnels, qui ne reposent pas sur le bon vouloir d'un tiers ;

- en limitant votre ambition pour réduire le sommet de la pyramide. Vous pouvez également combiner les deux et moduler votre propre engagement tout en redéfinissant vos ambitions… et en travaillant, en parallèle, votre acceptation de l'échec (voir le paragraphe « Troisième place du Top 10 : l'échec », page 78).

Un tel trapèze est évidemment d'autant plus stable que sa base de moyens est plus large que le sommet des exigences. Une colonne peut d'ailleurs tout à fait tenir debout, s'il n'y a pas trop de vent !

Exemple dans la sphère professionnelle

Vous devez passer un concours interne et voulez le réussir avec mention « Très bien » (ou supérieure) au premier essai sans rien modifier de vos activités sociales et de vos loisirs, assez chargés. Cela vous stresse…

Vous avez fait la liste des moyens dont vous disposez actuellement. Ce sont : suivre les cours, apprendre la matière, réviser en effectuant les exercices prescrits.

Vous avez remarqué que ce stress survient dès que vous pensez à l'objectif, tout de même fort élevé et visiblement peu négociable, ou dès que vous pensez à vos activités sociales et à vos loisirs, ce qui vous rappelle l'incompatibilité existant entre votre objectif et vos exigences secondaires.

Pour faire baisser ce stress, vous pouvez :

- augmenter vos moyens en doublant votre temps d'étude et en faisant des exercices supplémentaires, quitte à perdre quelques heures de sommeil. Ou en approfondissant la matière par des recherches personnelles et des lectures. Ou en demandant conseil à ceux qui ont déjà passé l'examen durant de précédentes sessions et travailler sur les annales de l'examen ;
- diminuer vos ambitions en limitant vos prétentions à la mention « Satisfaisant », ou en sacrifiant du temps de loisir au profit de temps d'étude supplémentaire. Ou en acceptant le risque d'échec à l'obtention de l'examen avec mention (qui dépend du travail fourni), mais aussi du sujet (qui dépend du facteur chance dans le tirage des questions).

Exemple dans la sphère privée

Vous voulez que votre enfant travaille et réussisse ses études dans un domaine où il trouvera un emploi bien rémunéré. Cela vous stresse...

Vous avez fait la liste des moyens dont vous disposez actuellement. Vous l'avez convaincu qu'il faut travailler à l'école pour réussir. Vous l'aidez dans sa scolarité. Vous lui payez des cours de soutien. Vous montrez de l'intérêt pour son travail scolaire. Pourtant, le stress persiste.

Pour faire baisser ce stress, vous pouvez :

- adopter des moyens complémentaires. Comme chercher ce qui le motive et trouver des moyens de l'aider en conséquence (exemples : apprendre en s'amusant, en découvrant, en faisant...). Ou encore l'aider à découvrir des activités et des métiers qui pourraient le motiver et encourager ses initiatives ;
- baisser votre niveau d'exigences. Car vous avez de l'ambition pour une autre personne que vous-même, ce qui limite inconfortablement votre capacité d'action. Il serait utile de prendre du recul et vous dire que, tout compte fait, c'est bien de la vie de votre enfant qu'il s'agit, et qu'il en est le seul maître. Que votre vision des choses sur la sécurité de l'emploi a peut-être une génération de retard, et que celle de votre enfant devra peut-être se préparer à changer souvent d'emploi, en se vendant au mieux. Que la formule « Motivation personnelle + études captivantes + disponibilité de l'emploi + rémunération garantie » n'existe peut-être pas. Il suffit qu'il ne soit pas motivé par les études et qu'il préfère l'apprentissage. Ou que le marché de l'emploi change et que les emplois disponibles ne le soient plus... Ou qu'il souhaite faire carrière dans une filière sociale, peu rémunératrice... pour que ce projet qui le concerne ne cadre plus avec votre manière de voir les choses aujourd'hui.

Les idées reçues de notre mode mental automatique

Pour résumer, on peut dire que le mode automatique tend à faire croire, à tort, que c'est en se fixant des exigences élevées de résultat qu'on les atteint... Pourtant, en y réfléchissant un peu, on s'aperçoit rapidement qu'avoir des exigences n'est pas suffisant pour atteindre un résultat. C'est juste utile pour définir les moyens à mettre en œuvre. À partir du moment où ces moyens ont été décidés, il est préférable de se détacher de l'exigence de résultat pour accroître son efficacité dans l'action... donc ses chances d'atteindre des résultats ambitieux.

Les sportifs de haut niveau font parfois la triste expérience de rater des gestes techniques qu'ils maîtrisent parfaitement (comme les tirs au but au football) à cause d'une pyramide à l'envers : c'est l'exigence de résultat (« il faut que je marque ce but, je ne peux pas échouer ! ») qui les stresse et les conduit à rater un geste simple qu'ils réussissent à coup sûr à l'entraînement...

Votre mode mental automatique n'aime pas échouer. Il refuse la réalité du risque présent dans toute action (or nous maîtrisons rarement tous les paramètres d'une situation). C'est cette incohérence qui provoque du stress et aggrave paradoxalement le risque d'échouer. Mobilisez votre mode adaptatif dans vos projets, vous maximiserez vos chances d'atteindre le résultat en vous concentrant davantage sur vos actions que sur le résultat en soi.

Décodez votre score « écart »

Votre score est défini en fonction de l'écart entre les exigences et les moyens que vous vous donnez (privé/professionnel).

Votre écart est compris entre –10 et – 6

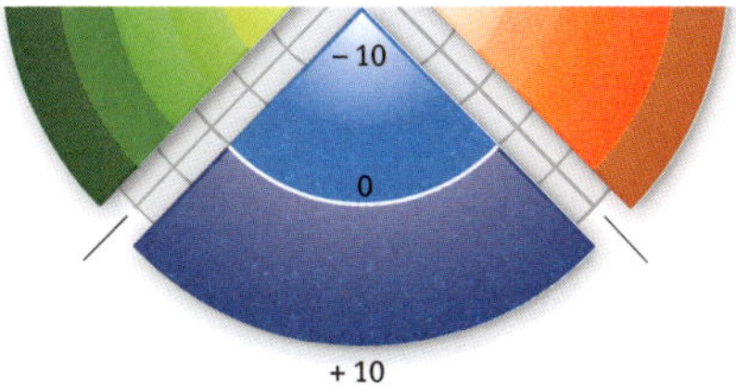

Ma façon de gérer mes ambitions			
	Niveau d'exigence	Niveau de moyens	Écart
Professionnel	8	5	3
Personnel	3	6	– 3
Score moyen	**5,5**	**5,5**	**0**

Vous ne ressentez quasiment jamais de stress dans la conduite de vos projets et actions. Vous savez rester zen même devant des enjeux élevés, car vous avez le plus souvent le réflexe de développer une large base de moyens. Vous vous concentrez dans l'action en sachant vous détacher complètement de l'exigence de résultat. Vous atteignez fréquemment ce dernier en utilisant, du fait de votre sérénité, les moyens disponibles à bon escient. Selon vos réponses, il n'est pas utile que vous travailliez sur la pyramide moyens/exigences.

Votre écart est compris entre – 5,9 et – 2

Vous ressentez peu de stress dans la conduite de vos projets et actions. Vous vous fixez quelques exigences et vous mettez en œuvre des moyens supérieurs à ces dernières. Vos réponses montrent que vous êtes plutôt serein dans l'action, capable de recul sur les résultats à atteindre. Vous pourriez améliorer encore votre score en élargissant encore la base de vos moyens, ou en réduisant vos exigences.

Votre écart est compris entre – 1,9 et + 2

Vous ressentez un peu de stress dans la conduite de vos projets et actions. Selon vos réponses, ce stress est dû au fait que vous mettez en œuvre des moyens en vous fixant aussi un certain niveau d'exigences. Vos exigences, quel que soit leur niveau, sont peut-être un peu excessives au regard des moyens que vous vous donnez, ou en tout cas vous préoccupent. Vous focalisez votre attention sur le résultat et la crainte de ne pas l'atteindre, au lieu de vous concentrer sur la mise en œuvre des moyens, qui sont les seuls à même de vous permettre d'atteindre les résultats. Vous pouvez corriger assez facilement le tir en élargissant d'un cran votre base de moyens, c'est-à-dire en en ajoutant l'un ou l'autre à votre éventail, ou en diminuant vos exigences de manière à rééquilibrer votre pyramide moyens/exigences.

Votre écart est compris entre + 2,1 et + 6

Vous devez ressentir souvent du stress dans la conduite de vos projets et actions. Selon vos réponses, ce stress est dû au fait que vos exigences, quel que soit leur niveau, l'emportent assez largement sur les moyens que vous mettez en œuvre pour les atteindre. Pour corriger le tir, déployez des moyens plus importants tout en remettant en question vos exigences, en vous donnant le droit à l'erreur, pour vous assurer qu'elles correspondent à un objectif accessible avec vos seuls moyens, de manière à rééquilibrer votre pyramide moyens/exigences.

Votre écart est supérieur à + 6

Vous ressentez un stress intense et chronique dans la conduite de vos projets. Ce stress est dû au fait que, selon vos réponses, vos exigences sont démesurées par rapport aux moyens dont vous disposez. Corriger le tir, si c'est possible, passe par une réévaluation nettement à la baisse de vos exigences, par le fait de vous accorder le droit à l'erreur, et par un travail d'élargissement des moyens (temps, argent, aide...) que vous mobilisez sur vos projets, voire par l'abandon de ce projet au profit d'un autre qui corresponde davantage aux moyens que vous êtes en capacité de déployer. C'est vraisemblablement la manière la plus sûre de rééquilibrer votre pyramide moyens/exigences qui ressemble actuellement à un triangle sur pointe, et de retrouver ainsi de la sérénité.

Décodez votre niveau d'exigence par rapport à vos moyens

Votre niveau d'exigence est inférieur ou égal à 3

Ma façon de gérer mes ambitions			
	Niveau d'exigence	Niveau de moyens	Écart
Professionnel	8	5	3
Personnel	3	6	−3
Score moyen	**5,5**	**5,5**	**0**

Avoir des exigences modestes constitue un excellent rempart contre le stress, mais peut également représenter un frein pour l'épanouissement personnel ou professionnel si les objectifs sont étriqués. Pour atteindre ces derniers, vous ne devez pas développer de moyens extraordinaires, ce qui fait que vous les atteignez généralement.

- *Votre niveau de moyens est inférieur à 3* : vous mobilisez également très peu de moyens, auquel cas vous vivez un sentiment de stress peu intense, mais présent. Vous pouvez assez facilement l'éliminer en déployant des moyens supplémentaires.
- *Votre niveau de moyens est supérieur à 3* : vous disposez de suffisamment de moyens pour atteindre vos objectifs. Plus le niveau de moyens augmente, plus vous ressentez de l'aisance, quitte à parfois vous demander (à partir de 6) si vous ne devriez pas revoir vos ambitions à la hausse, tant cela devient facile.

Votre niveau d'exigence est compris entre 4 et 6

Vous avez des exigences mesurées, plutôt réalistes, mais pas pour autant modestes. Vous êtes ancré dans la réalité, pas dans le rêve, ce qui vous donne de l'énergie concrète pour les atteindre.

- *Votre niveau de moyens est inférieur ou égal à 3* : vous mobilisez très peu de moyens, auquel cas vous pouvez vivre un sentiment de stress. Vous pouvez néanmoins l'éliminer en réfléchissant à des moyens supplémentaires à mettre en œuvre, puis en faisant l'effort de le faire.

- *Votre niveau de moyens est compris entre 4 et 6* : votre pyramide est en forme de colonne. Ce n'est pas toujours facile, mais vous disposez d'une base de moyens qui concorde avec vos objectifs. À vous de les élargir en cas de difficulté (ressenti de stress).
- *Votre niveau de moyens est supérieur à 6* : vous mobilisez suffisamment de moyens pour atteindre vos objectifs. Plus le niveau de moyens augmente, plus vous ressentez de l'aisance, quitte à parfois vous demander (à partir de 8) si vous ne devriez pas revoir vos ambitions à la hausse, tant cela devient facile.

Votre niveau d'exigence est compris entre 7 et 8

Ma façon de gérer mes ambitions			
	Niveau d'exigence	Niveau de moyens	Écart
Professionnel	8	5	3
Personnel	3	6	−3
Score moyen	**5,5**	**5,5**	**0**

Vous avez des ambitions élevées, qui peuvent être source de stress et requièrent des moyens à la hauteur pour ne pas en ressentir. Peut-être vos objectifs représentent-ils une situation idéale qui n'est pas totalement conforme à votre réalité. En fonction de vos moyens, plusieurs scénarios sont à envisager.

- *Votre niveau de moyens est inférieur ou égal à 3* : vous disposez de très peu de moyens, votre sentiment de stress est assez intense et continu. Vous pouvez le résorber en partie en déployant davantage de moyens, mais il est recommandé de réfléchir à la pertinence de vos exigences, au vu de votre contexte ou de vos capacités réelles (et individuelles) à relever les défis que vous vous lancez.
- *Votre niveau de moyens est compris entre 4 et 6* : vous disposez de moyens certes, mais ils ne sont pas suffisants, en comparaison avec vos objectifs annoncés. Il vous arrive de ressentir du stress, que vous pouvez calmer en revoyant vos exigences à la baisse et en déployant des moyens supplémentaires.

- *Votre niveau de moyens est compris entre 7 et 8* : votre pyramide est en forme de colonne. Ce n'est pas toujours facile, mais vous disposez d'une base de moyens très solide qui concorde avec vos exigences. Revoyez ces derniers légèrement à la baisse en cas de stress.
- *Votre niveau de moyens est supérieur à 8* : vous disposez d'une panoplie impressionnante de moyens (ou de moyens particulièrement efficaces, c'est selon) pour atteindre vos objectifs pourtant ambitieux. Vous n'êtes pas nécessairement dans l'aisance, mais cette concordance ambitions/moyens vous suffit pour assumer vos objectifs et les atteindre. Vous détacher de l'exigence de résultat vous permettrait d'être encore plus performant.

Votre niveau d'exigence est supérieur ou égal à 8

Vous affichez des exigences de résultat élevées, voire démesurées eu égard aux moyens dont vous disposez. À vous d'estimer si elles sont réalistes par rapport à votre personnalité et aux capacités dont vous disposez, ou si elles proviennent d'un rêve qui vous met sous pression parce qu'il est, par nature, inaccessible. En fonction de vos moyens, plusieurs scénarios sont envisageables.

- *Votre niveau de moyens est inférieur ou égal à 3* : vous disposez de très peu de moyens, votre sentiment de stress est très intense, avec des périodes d'abattement, de colère, d'anxiété. Réfléchissez à la pertinence de vos exigences, au vu de votre contexte ou de vos capacités réelles (et individuelles) à relever les défis que vous vous lancez. Revoyez-les franchement à la baisse, ou changez de projet, de manière à vous enlever un poids vraisemblablement inutile.
- *Votre niveau de moyens est compris entre 4 et 6* : vous disposez de peu de moyens par rapport à vos exigences : votre sentiment de stress est assez intense et continu. Vous pouvez le résorber en partie en déployant davantage de moyens, mais il est recommandé de réfléchir à la pertinence de vos ambitions, au vu de votre contexte ou de vos capacités réelles (et individuelles) à relever les défis que vous vous lancez.

- *Votre niveau de moyens est compris entre 7 et 8* : vous disposez de moyens solides et efficaces, mais pourtant insuffisants au regard de vos exigences. Malgré vos moyens, il vous arrive de ressentir du stress, que vous pouvez calmer en revoyant vos ambitions légèrement à la baisse, à moins qu'il ne vous reste quelques moyens supplémentaires à déployer, auquel cas ne vous en privez pas !
- *Votre niveau de moyens est supérieur à 8* : votre pyramide est en forme de colonne, bien que vous disposiez d'une panoplie impressionnante de moyens (ou de moyens particulièrement efficaces, c'est selon) pour atteindre vos objectifs particulièrement ambitieux. Pourtant, ce n'est pas toujours facile. Vous détacher de l'exigence de résultat vous permettrait d'être encore plus performant.

Les conseils du coach

Comment remettre votre pyramide exigences/ moyens à l'endroit ?

Mieux gérer son stress dans le cadre de projets poursuivant un objectif clairement défini est un exercice qui ne requiert qu'une feuille de papier, un peu de temps, le contexte propice à une indispensable concentration, et éventuellement l'aide d'un ami, d'un collègue, d'un coach ou de votre manager.

En l'occurrence, choisissez un projet professionnel ou personnel qui génère chez vous du stress lorsque vous pensez aux ambitions ou objectifs (et leur lot d'exigences) ou aux diverses actions à accomplir pour les atteindre.

Étape 1

Définissez le plus précisément possible l'objectif de votre projet en une ligne (c'est ce qu'on appelle le « pitch »).

Par exemple : je veux que mes collaborateurs soient motivés et épanouis au travail (ou les membres de ma famille, à la maison).

Étape 2

Établissez la liste de vos exigences, c'est-à-dire le détail de ce que vous souhaitez, y compris les « à-côtés », les objectifs secondaires auxquels vous tenez. Par exemple :

- assurer les objectifs professionnels du service (ou assurer une ambiance conviviale au sein du foyer) ;
- se faire bien voir par la direction, donc ne pas exprimer son désaccord avec la politique de management de l'entreprise (ou faire en sorte de satisfaire la discipline prônée par votre conjoint[e]).

Étape 3

Établissez la liste de vos moyens, c'est-à-dire le détail de ce que vous pouvez mettre en place, seul, sans compter sur qui que ce soit d'autre, pour parvenir à atteindre vos objectifs.

Par exemple :

- capacités et temps passé à la communication ;
- préoccupation du bien-être de chacun en demandant régulièrement comment il va ;
- rédaction d'une charte interne de solidarité et de convivialité.

Vous êtes encore stressé par ce projet ? Passez à l'étape 4.

Étape 4

Établissez la liste des moyens supplémentaires envisageables, puisque les moyens mis en place ne suffisent pas à réduire votre stress. Ici encore, pensez à vos capacités, à vos outils, à votre temps, à demander de l'aide... en restant concentré sur les moyens qui vous sont accessibles.

Par exemple :

- augmentation du temps passé à communiquer ;
- intervention plus marquée et médiation dans la résolution de problèmes ;
- renégociation des objectifs et des conditions de travail avec votre direction (ou renégociation avec votre conjoint des règles de discipline) ;

- formation à la gestion des motivations pour mieux les comprendre et leur affecter des missions qui les motiveront (ou formation en analyse systémique pour repérer les problèmes récurrents de fratrie).

Le projet vous stresse encore ? Passez à l'étape suivante.

Étape 5

Établissez une liste des amendements possibles à vos exigences, c'est-à-dire ce qui peut être revu à la baisse sans toucher au cœur même de votre ambition.

Demandez-vous, pour chaque exigence de départ, si elle est fondée, si elle est rationnelle, si elle est obligatoire, si elle va dans le sens de votre projet. Si vous répondez « non » à l'une de ces questions... remettez l'exigence en question de manière plus concrète.

Par exemple :

- prendre du recul sur le fait que tous les collaborateurs soient heureux et motivés : ils ont également une vie privée sur laquelle le manager n'a aucune prise (ou se demander ce qu'est réellement la convivialité : manger toujours tous ensemble est-il indispensable ? Peut-on imaginer des moments privilégiés en couple et cela n'aurait-il pas une influence bénéfique ?...) ;
- s'interroger sur les leviers dont on dispose réellement pour garantir ce résultat : on ne siège pas au conseil d'aministration et on n'édicte pas le règlement de travail (ou se demander si l'on doit être le relais de la discipline ou si le conjoint peut reprendre le leadership sur ce qui lui tient à cœur)...

Sur la base de vos nouvelles exigences, déployez les moyens originaux et ajoutez-y un ou plusieurs des moyens que vous avez trouvés. *A priori,* la sauce devrait prendre, et vous devriez ressentir une baisse du stress.

Le projet vous stresse encore ?

Étape 6

Trouvez de nouveaux moyens et réduisez encore vos exigences. Si vous n'avez plus d'idées de moyens, et si les exigences sont devenues minimales à vos yeux, approfondissez la question de vos exigences pour voir s'il n'y a pas des exigences implicites (être original, être le meilleur, éviter les conflits...) et tentez de les supprimer, en utilisant la méthode abordée au chapitre 4. Peut-être devez-vous définir un nouveau projet en partant d'une base élargie de moyens et d'un sommet d'exigences aussi réduit que possible.

Les exigences implicites sont des exigences exclusivement internes qui n'ont pas de lien réel avec l'objectif du projet, mais plutôt avec la manière dont vous voulez le réaliser. Elles interfèrent, par définition, en augmentant dans votre esprit la charge des exigences. Cette charge supplémentaire n'est ni utile pour la concrétisation de l'objectif, ni aidante pour les autres personnes impliquées, puisqu'elles ajoutent à leurs propres tâches une exigence arbitraire, souvent tue, qu'elles peuvent ne pas comprendre et sur laquelle elles n'ont aucune prise.

Le chapitre 4 traite de vos situations gâchettes, celles qui provoquent une réaction parfois intense lorsque vous êtes confronté à une antivaleur. Cette antivaleur est fréquemment présente en miroir d'une valeur forte.

Si, par exemple, vous ne supportez pas l'irresponsabilité et les personnes qui ne mesurent pas les conséquences de leurs actes, c'est peut-être le signe que vous êtes particulièrement responsable. Et qu'il vous semble essentiel que tous vos actes soient conséquents. C'est une règle absolue, pour vous. Elle vous définit, pour vous comme pour les autres, et vous n'en dérogez qu'exceptionnellement. Dans ces conditions, cette exigence interne de responsabilité et de conséquence constantes peut constituer une exigence implicite. Peut-être rechignez-vous à vous lancer dans une action dont il vous est impossible (au moins pour l'instant) de prévoir toutes les conséquences ? Cela vous conduit peut-être à imaginer une kyrielle de scénarios possibles, dont beaucoup sont improbables, objectivement, ce qui ralentit le projet ? Peut-être vous sentez-vous responsable de chaque opération réalisée par votre équipe, ce qui vous pousse à surveiller ou à contrôler plus que le projet ne le demande réellement ? Réfléchissez à ce que cette antivaleur réveille chez vous, et à ce que la valeur correspondante, si elle existe, apporte comme exigences implicite dans votre vie.

Si, autre exemple, vous ne supportez pas la prétention et les personnes qui prennent de haut ceux qui ont peu de moyens, c'est peut-être que vous êtes, en toute circonstance, une personne modeste. Peut-être cette modestie vous empêche-t-elle de montrer toutes vos compétences ou de les transmettre à d'autres, ce qui faciliterait la réussite de votre projet ? Peut-être vous empêche-t-elle de reprendre une personne qui fait une erreur ? Peut-être vous limite-t-elle quand il s'agit de faire valoir votre point de vue dans les discussions relatives au projet ?

Imaginez l'exigence interne véhiculée par une antivaleur pour la banalité et les personnes sans originalité. Elle vous contraint peut-être à être toujours original, à aborder une difficulté sous un angle nécessairement inattendu, avec les risques de ne pas être compris ou suivi ? Avec le risque de perdre du temps à imaginer des solutions aussi complexes ou innovantes qu'inutiles ? Avec, peut-être, l'appréhension de ne jamais être assez original, ce qui vous pousse à jeter des brouillons, des ébauches tout à fait viables, mais trop classiques ?

Toute valeur (facilement détectable sur la base des antivaleurs) peut représenter une exigence implicite. Travailler sur les situations gâchettes est un premier pas. Assouplir vos valeurs sur la base des six dimensions du mode adaptatif (curiosité, adaptation, nuance, relativité, réflexion, individualisation) en est un second, pas trop difficile à mettre en œuvre.

Étape 7

Passez à l'action !

En résumé

Le mode automatique n'aime pas échouer. Il refuse la réalité du risque présent dans toute action et tend à faire croire que c'est en se fixant des exigences élevées de résultat qu'on les atteint... Cette incohérence provoque du stress et aggrave paradoxalement le risque d'échouer. Car, à moyens égaux, on se sent plus à l'aise quand l'objectif est moins impératif (ou contraignant).

Mobilisez votre mode adaptatif dans vos projets, vous maximiserez vos chances d'atteindre le résultat en vous en concentrant davantage sur vos actions que sur le résultat en soi. Car on se sent plus à l'aise quand on a davantage de moyens d'atteindre ses objectifs.

L'objectif consiste donc, pour réduire le stress, à diminuer ses objectifs tout en augmentant les moyens de les atteindre.

Conclusion

Pourquoi garder ce livre auprès de vous ?

Dans un premier temps, familiarisez-vous avec votre stress. La première fois, utilisez ce livre comme complément du questionnaire en ligne. Abordez le stress sous l'angle des réponses que vous avez données aux questions posées *via* l'interface en ligne.

Comme si vous étiez embarqué dans une chasse au trésor, prenez rendez-vous avec vous-même et profitez-en pour mieux comprendre votre manière de stresser, mieux appréhender pourquoi vous stressez, comment vous stressez, ce qui vous fait stresser... et comment sortir du stress pour retrouver davantage de sérénité.

Faites les exercices proposés pour vous habituer à gérer votre état de stress, à froid, quand vous n'êtes pas confronté à une situation stressante pour vous.

Par la suite, développez votre immunité antistress. Prenez l'habitude de quitter votre état de stress à chaud (en situation).

Suivez la procédure suivante.

1° Vous ressentez un état de stress

Identifiez-le : vous êtes énervé ou en colère (ou vous râlez, forme adoucie de la colère), vous avez envie de bouger ou êtes anxieux, inquiet, vous êtes découragé, abattu et avez envie de faire une sieste.

2° Remontez à sa source

Quelque chose a allumé le signal d'alarme du stress. Votre mode adaptatif vous informe que vous faites une erreur de raisonnement. Laquelle ?

- À quoi avez-vous réagi ?
- Quelle antivaleur vient de passer devant vous et qu'avez-vous envie de répondre sur-le-champ (en général, vous réagissez à une « attaque » par de l'agressivité défensive) ?

3° Travaillez sur votre état d'esprit

Actuellement, c'est votre mode automatique qui est aux commandes. Basculez en mode adaptatif en utilisant votre exercice favori ou, s'il n'est pas accessible (les conditions n'étant pas remplies), faites un rapide « arrêt sur image », puis demandez-vous ce que vous en penserez dans dix années ou ce qu'en dirait votre humoriste préféré ou un moine bouddhiste...

Essayez également de percevoir laquelle des dimensions du mode adaptatif a été touchée. Avez-vous manqué de :

- curiosité (vous fonctionnez en mode routine) ;
- acceptation (vous êtes rigide) ;
- nuances (vous simplifiez ou généralisez) ;
- relativité (vous êtes sûr que c'est comme vous pensez et pas autrement) ;
- réflexion (vous appliquez une « bonne vieille méthode »... qui n'a pas l'air de fonctionner) ;
- individualisation (comme si quelqu'un d'autre répondait à votre place une phrase « bien-pensante » ou « politiquement correct »).

Faites, si possible, l'exercice correspondant à la dimension touchée pour sortir de l'état de stress.

4° Si ça ne marche ou ne suffit pas, revenez à l'antivaleur que vous avez débusquée en 2° et travaillez-la comme indiqué au chapitre 4.

5° Si ça ne marche ou ne suffit pas, travaillez cette situation au moyen de la pyramide moyens/exigences :

- augmentez votre base de moyens (être plus attentif à l'autre, respirer pour se calmer...) ;
- réduisez votre objectif (par exemple, vous vouliez convaincre votre interlocuteur, contentez-vous de chercher à le faire réfléchir...).

Le VIP2A

Précurseur d'une nouvelle génération de questionnaires, le VIP2A (Inventaire de Personnalité, Assertivité, Adaptabilité) incarne l'aboutissement de seize années de recherche qui ont apporté un éclairage nouveau sur le fonctionnement de l'humain, sur sa manière de prendre des décisions et sur l'influence de celles-ci sur ses comportements. Questionnaire en ligne créé par l'IME et édité par l'INC, le VIP2A mesure les « dimensions » de la personnalité et permet une lecture subtile et prédictive de la dynamique de fonctionnement et des potentialités de tout individu.

Pour en savoir plus : allez sur le site de l'INC (www.neurocognitivism.com), puis sélectionnez le pays où vous habitez (France, Belgique, Suisse, Maroc, Luxembourg) et choisissez la rubrique « Test de personnalité ».

Composé par STDI

MIXTE
Issu de sources responsables
FSC® C111617

Achevé d'imprimer : EMD S.A.S.
N° d'éditeur : 4545 - N° d'imprimeur : 27149
Dépôt légal : octobre 2012
Imprimé en France

Cet ouvrage est imprimé - pour l'intérieur - sur papier Inaset 110 g des papeteries Porpucel, dont les usines ont obtenu la certification environnementale ISO 14001 et opèrent conformément aux normes ECF et EMAS